草产业科技发展研究报告

侯向阳 ◎ 主编

中国农业科学技术出版社

图书在版编目（CIP）数据

草产业科技发展研究报告 / 侯向阳主编 . --北京：中国农业科学技术出版社，2024.12. --ISBN 978-7-5116-7246-9

Ⅰ.F326.3

中国国家版本馆 CIP 数据核字第 2025QZ0568 号

责任编辑　周　朋
责任校对　王　彦
责任印制　姜义伟　王思文

出 版 者	中国农业科学技术出版社
	北京市中关村南大街 12 号　邮编：100081
电　　话	（010）82103898（编辑室）　（010）82106624（发行部）
	（010）82109709（读者服务部）
网　　址	https://castp.caas.cn
经 销 者	各地新华书店
印 刷 者	北京建宏印刷有限公司
开　　本	185 mm×260 mm　1/16
印　　张	7.75
字　　数	190 千字
版　　次	2024 年 12 月第 1 版　2024 年 12 月第 1 次印刷
定　　价	68.00 元

◀ 版权所有·翻印必究 ▶

《草产业科技发展研究报告》编委会

主　　编： 侯向阳

编写人员：（按姓氏拼音排序）

杜利霞　高昌宇　高文俊　侯东来　李春艳
李西良　路文杰　任国华　石永红　徐洪雨
许庆方　杨子森　尹燕亭

引言：山西省牧草产业技术体系

根据山西省农业农村厅要求，2024年2—5月，山西省牧草产业技术体系组织体系内外专家开展立足山西、面向全国的草产业科技发展现状、问题和趋势调研。在全面分析山西省草业发展的现状和态势的基础上，统筹考虑我国草产业发展的状况和潜势，划分草种质资源和草种业、苜蓿产业、中国羊草产业、中国禾本科牧草产业、中国旱作草业技术、牧草青贮加工产业、草田轮作产业、放牧栽培草地建植和利用、退化草地修复利用技术、林下草地畜牧业等10个分产业，按照体系内专家和体系外专家相结合的原则，分工协调调研和撰写报告，形成1个简要汇总报告和10个分产业科技发展报告。

一、山西省牧草产业发展现状和问题

近年来，山西省积极发展饲草产业，草业体系逐步形成，发展步伐不断加快，饲草产业在实施乡村振兴战略、推进农业供给侧结构性改革、促进农业转型升级和农民持续增收等方面发挥了重要作用。特别是近三年来大力推广饲草产业"南北互补、中部突破、粮草兼顾、农牧循环"模式，取得了经济效益、社会效益和生态效益共赢的良好成效。

2023年山西省饲草面积221.7万亩[①]（其中：青贮玉米173.6万亩，苜蓿17.9万亩，饲用燕麦6.3万亩，饲用小黑麦5.5万亩，其他饲草18.4万亩）。一是北部稳步推进。雁门关农牧交错带是山西省饲草生产的重点区域，饲草种植面积占全省的80%以上。该区域饲草产业起步早，饲草种植加工企业多，购置了大量先进的饲草收获加工机械，积累了丰富的饲草种植加工经验，饲草产业发展基础扎实。二是中部发力突破。山西省农业农村厅进一步开拓创新，充分挖掘冬闲田发展潜力，在太原、晋中等地大力推广利用冬闲田种植饲用小黑麦，2023年山西省示范推广冬闲田种植饲用小黑麦5.5万亩，建成饲用小黑麦良种繁育基地2 000亩，发掘优良品种20余个，为饲用小黑麦的推广打下了坚实基础。2023年5月下旬，山西省对饲用小黑麦进行了收获，亩产干草达到了500~700千克。三是南部创新发展。在稳定雁门关区饲草生产的基础上，雁门关区饲草龙头企业继续在运城、临汾和晋城等地开展麦后复播饲草示范，推广了青贮玉米深松密植高产等技术，取得了很好成效。

---

① 1亩≈667米^2，全书同。

二、分产业科技发展重点前沿

（一）草种质资源和草种业

草种业是草原修复、生态治理、国土绿化和草业发展的基础性和战略性产业。山西省草种业面临着草种质资源研究不足、技术创新效果不显著、自主培育的当家品种有限、种子生产专业化缺乏的问题。草种质资源和草种业科技发展应重点加强以下4个举措：草种质资源的研究，特别是乡土草资源的收集、鉴定、保存；开展资源和育种技术创新，培育拥有自主知识产权、市场竞争力强劲的新品种；建立稳定的种子扩繁基地，加强良种繁育体系；加大科技投入，建立可追踪的草种质量系统，完善草种质资源质量检测管理体系。

（二）苜蓿产业

苜蓿是世界上最重要、种植面积最广泛的豆科牧草，被誉为"牧草之王"，是奶牛等草食动物的优质饲草资源。随着畜牧业的发展，我国优质苜蓿干草的缺口较大，每年需从国外进口近200万吨的苜蓿干草。当前山西省苜蓿产业发展的主要问题是可种植土地供应不足、农户或公司种植热情低下、浇水管理困难。苜蓿产业科技发展的重点是：加强抗逆苜蓿种质资源的收集与开发利用，加强抗逆苜蓿品种的培育和推广利用，提高苜蓿品种对盐碱地、旱地等严酷环境的适应能力；加强分子辅助育种的理论、机制的创新研究；加强旱作苜蓿种植管理技术研发和示范，加快苜蓿种植、栽培管理技术体系的标准化进程，研发适应我国特别是山西省地形地貌的苜蓿生产机械，充分挖掘小面积苜蓿种植地的生产潜力。

（三）中国羊草产业

羊草是我国禾本科乡土草中最具潜力的草种。近年来我国羊草产业规模保持较快增长态势，年末保留面积从2017年的135.2万亩增加到2021年的354万亩。尽管天然羊草草地面积较大，达3亿亩以上，但羊草人工种植面积仅占天然羊草面积的1.2%，山西省当前人工羊草草地面积不足500亩，发展空间很大。我国及山西省羊草产业发展应以"以种适地"为背景寻找羊草发展定位，重点在边际土地特别是退化和盐碱化土地上发展羊草产业，加强优质高产多抗羊草的生物学基础研究，加强羊草新品种培育，加强资源约束下边际土地羊草高效生产技术研发和示范应用，加强"三生共赢""科研+公司+村集体经济组织+农户"的模式和机制创新。

（四）中国禾本科牧草产业

禾本科牧草饲用燕麦和饲用小黑麦是家畜的重要牧草资源，在优化升级山西省饲草产业中颇具潜力。山西省饲用燕麦和饲用小黑麦产业规模小、产业散、技术弱，种质创新率、产业规模与发展呼声匹配度、科技创新与产业需求契合度等方面存在提升空间。

饲用燕麦、饲用小黑麦产业应重点加强适宜不同区域条件的优质、高产饲用燕麦和饲用小黑麦品种的培育、筛选和推广应用，加强播种、收割、晾晒以及打捆等系列配套机械设施的研发和产业化应用，健全和完善饲用燕麦和饲用小黑麦质量监督评价标准。

（五）中国旱作草业技术

随着全球气候变化，干旱是导致灾害的极端气候事件之一，干旱缺水成为困扰全球农业发展的一个重要问题。旱作草业在未来大农业发展中具有非常重要的战略意义。但是，与旱作农业技术相比，在标准/规程、专利和相关研究文献方面旱作草业技术均落后很多，还有很大的进步和发展空间。旱作草业技术发展的重点是：加强科技财政支持，推动旱作草业的技术创新和产业升级；加强旱作草业标准/规程制定、专利保护；积极开展从种到种到收到利用的全产业链发展的相关技术研发、示范和推广。

（六）牧草青贮加工产业

青贮加工是有效保存牧草、提高畜牧业质量和效率的重要措施。优质青贮饲料已经成为奶牛、肉牛、肉羊等养殖场节本增效的最有效途径。据估算，我国每年生产各类青贮饲料约 2.6 亿吨，总产值约 870 亿元。虽然我国自主开发的青贮加工机械已有较大发展，但相当部分大型机械尚依赖进口，且国内青贮机械制造与销售企业鲜见山西企业身影。在青贮玉米质量方面存在质量不稳定、区域差异和畜种差异的问题。牧草青贮加工产业发展的重点是：做好资源挖掘、菌酶开发、机械配套、产品丰富的大文章；加强高效添加剂机理研究与产品开发、抑制有氧变质、微生物群落及功能进一步解析；多方发力，促进青贮加工产业发展，助力牧草业。

（七）草田轮作产业

草田轮作是实现农业结构调整和农牧业生产可持续发展的重要举措，是我国现阶段满足饲料粮需求和用地与养地结合的最佳耕作制度之一。但我国草田轮作面临科学的草田耕作制度缺乏、成果转化率低下、兼顾生产生态的种养结合绿色发展模式发展缓慢、草田轮作农业系统中草业机械的关键部件严重依赖进口等现实瓶颈。推广草田轮作，大力发展草地农业，亟须加强牧草适应性评价与引种决策支持系统的开发与应用，加快草田轮作模型设计与兼顾生产生态的种养结合模式的智能化发展，推动草田轮作全产业链延伸，提升我国草田轮作产业科技水平。

（八）放牧栽培草地建植和利用

栽培草地是畜牧业发展的基础资源和饲草保障，特别是在干旱和半干旱地区，栽培草地的放牧利用是保障国家食物安全和生态安全的有效途径。目前，我国的栽培草地占天然草原比例仅为 2.5%，放牧利用的栽培草地亦只是小部分地区初步尝试，在山西省也只是雁门关地区小面积试验示范，普遍存在对放牧型栽培草地利用认识不足、科技支撑力量薄弱、产业发展与政策协调性差的现实挑战。放牧型栽培草地的发展，要以因地制宜适度发展为原则，加强耐牧性草种挖掘及选育、放牧栽培草地建植管理技术研发、放牧栽培草地的可持续放牧技术集成，积极发展"低成本放牧+补饲"的低成本高效益肉牛肉羊适度规模养殖的生态草牧业发展模式。

（九）退化草地修复利用技术

退化草地的生态恢复工作是一项系统性的、复杂的长期工程。2000 年以来，随着"京津风沙源治理""退牧还林还草""天然草原保护""草原生态保护补助奖励政策"等多项重大生态工程及政策的陆续实施，草原生态持续恶化的势头得到了初步遏制。但是，当前草原生态脆弱的形势依然严峻，我国草原"局部好转、整体恶化"的态势没有得到根本扭转，草原保护修复任务还十分艰巨。草地退化与修复研究领域未来应重视以下几方面：加强高新技术在草地退化与修复研究领域中的应用探索，充分利用遥感卫星等数据资源强化草地动态监测，建立健全草地监测与评价队伍、技术与标准体系，为草地修复与利用以及科学的生态修复提供理论依据；充分考虑气候变化背景下草地退化与修复机制的复杂性，加强草地生态系统对气候变化的响应与适应机制研究，以提高草地生态系统应对气候变化和极端气候事件的韧性；应推进优良乡土草种扩繁、组配及其补播技术的研发，并创新土壤养分及微生物调控技术；重视草地生态系统生物多样性形成与保护机制研究，加强土地利用转变及气候变化对生物多样性的影响及调控机制的认识，实现草地生物多样性与生态系统功能的稳定维持与提升。

（十）林下草地畜牧业

林下草地畜牧业对于家畜饲养、环境保护和森林资源的利用都有积极的作用，是一种可持续的畜牧业模式和林下经济发展模式。虽然林下草地畜牧业在国内部分地区得到发展，但林下饲草资源化利用水平偏低，存在饲用植物资源底数不清、饲用植物资源开发不足、适生物种的筛选和评价滞后、林下草地畜牧业环保评估体系尚未建立的问题。围绕林下优质饲用植物的开发与综合利用关键技术需求，林下草地畜牧业的发展重点是：林下草灌资源饲用化利用价值和开发模式评价；林下草地补播补建改良技术研究和示范；林下草灌资源刈割和放牧利用技术研究和示范；林下有机旱作草牧业模式技术集成和示范。

目　　录

山西省牧草产业发展现状和问题 ··· 1

山西省饲草产业高质量发展调研报告 ······································ 3

分产业科技发展报告 ·· 11

草种质资源和草种业科技发展报告 ······································ 13
苜蓿产业科技发展报告 ·· 23
中国羊草产业科技发展报告 ·· 35
中国禾本科牧草产业科技发展报告
　　——以饲用燕麦、饲用小黑麦为例 ································ 45
中国旱作草业技术发展报告
　　——与旱作农业的比较 ·· 55
牧草青贮加工产业科技发展报告 ·· 70
草田轮作产业科技发展报告 ·· 79
放牧栽培草地建植和利用科技发展报告 ······························ 87
退化草地修复利用技术发展报告 ·· 100
林下草地畜牧业科技发展报告 ·· 107

山西省牧草产业发展现状和问题

山西省饲草产业高质量发展调研报告

近年来，山西省积极发展饲草产业，草业体系逐步形成，发展步伐不断加快，饲草产业在实施乡村振兴战略、推进农业供给侧结构性改革、促进农业转型升级和农民持续增收等方面发挥了重要作用。特别是近三年来大力推广饲草产业"南北互补、中部突破、粮草兼顾、农牧循环"模式，取得了经济效益、社会效益和生态效益共赢的良好成效。

一、饲草产业现状

（一）自然条件

1. 土地情况

山西省地处黄河流域中部，全省总面积15.67万平方千米，占全国总面积的1.6%，地势东北高西南低，疆域轮廓呈东北斜向西南的平行四边形，南北狭长，全省总长682千米，东西宽385千米。地貌类型复杂多样，有山地、丘陵、台地、平原，山多川少，山地、丘陵面积占全省总面积的80.1%，平川、河谷面积占总面积的19.9%。全省耕地共5 804.25万亩。其中，水田7.53万亩，占比0.13%；水浇地1 571.73万亩，占比27.08%；旱地4 225万亩，占比72.79%。忻州、临汾、吕梁、朔州、运城等5个市耕地面积较大，占全省耕地的61%。园地961.38万亩，主要分布在运城、吕梁、临汾等3个市，占全省园地的75%。林地9 143.50万亩，吕梁、临汾、忻州、晋中等4个市林地面积较大，占全省林地的55%。草地4 657.66万亩，主要分布在忻州、大同、吕梁、晋中、临汾等5个市，占全省草地的73%。人均耕地1.78亩，虽略高于全国水平（1.52亩），但耕地质量和复种指数明显低于全国水平。耕地中，25°以上坡耕地519.8万亩；有灌溉设施耕地1619.2万亩，占26.53%。

全省约有采空区和沉陷区8 000平方千米，因采矿而损毁的土地面积达到了685.5万亩，矿区复垦率约为10%；沿黄河滩涂地约有60万亩，盐碱地450万亩。这些土地均具有发展种植饲草的潜力。

2. 气候情况

山西省在气候类型上属于温带大陆性季风气候，具有四季分明、雨热同步、光照充足、南北气候差异显著、冬夏气温悬殊、昼夜温差大的特点。无霜期从北到南 101~187 天不等，≥10℃积温从 2 100℃到 4 500℃，全省各地年平均气温 4.2~14.2℃，总体分布趋势为由北向南升高，由高山向盆地降低；年降水量 358~621 毫米，季节分布不均，夏季 6—8 月降水相对集中，约占全年降水量的 60%，且省内降水分布受地形影响较大。

（二）我国饲草发展情况

2008 年以来，我国牧草需求量和市场规模持续增长。根据《"十四五"全国饲草产业发展规划》相关数据，2020 年全国利用耕地种植优质饲草近 8 000 万亩，产量约 7 160 万吨（折合干重），比 2015 年增长 2 400 万吨，其中，全株青贮玉米 3 800 万亩、产量 4 000 万吨，饲用燕麦和多花黑麦草 1 000 万亩、产量 820 万吨，其他一年生饲草 1 500 万亩、产量约 1 200 万吨，优质高产苜蓿 650 万亩、产量 340 万吨，其他多年生饲草 1 000 万亩、产量约 800 万吨。主要饲草生产省份集中在北方，如甘肃省、内蒙古自治区、新疆维吾尔自治区、宁夏回族自治区、河北省、山西省等。要确保牛羊肉和奶源自给率分别保持在 85% 左右和 70% 以上的目标，对优质饲草的需求总量将超过 1.2 亿吨，尚有近 5 000 万吨的缺口。这导致我国成为世界第二大牧草进口国，尤其是苜蓿需求强劲，是进口主打干草产品，苜蓿进口量从 2009 年的 11.56 万吨增加至 2022 年的 178.86 万吨，增速惊人，进口来源以美国为主，市场依存度高。

（三）山西省饲草生产情况

2023 年山西省饲草面积 221.7 万亩（其中：青贮玉米 173.6 万亩，苜蓿 17.9 万亩，饲用燕麦 6.3 万亩，饲用小黑麦 5.5 万亩，其他饲草 18.4 万亩）。

1. 北部稳步推进

雁门关农牧交错带是山西省饲草生产的重点区域，饲草种植面积占全省的 80% 以上。该区域饲草产业起步早，饲草产业发展基础扎实。

2. 中部发力突破

山西省农业农村厅进一步开拓创新，充分挖掘冬闲田发展潜力，在太原、晋中等地大力推广利用冬闲田种植饲用小黑麦，2023 年山西省示范推广冬闲田种植饲用小黑麦 5.5 万亩，建成饲用小黑麦良种繁育基地 2 000 亩，发掘优良品种 20 余个，为饲用小黑麦的推广打下了坚实基础。2023 年 5 月下旬山西省对饲用小黑麦进行了收获，亩产干草达到了 500~700 千克。

3. 南部创新发展

在稳定雁门关区饲草生产的基础上，雁门关区饲草龙头企业继续在运城、临汾和晋城等地开展麦后复播饲草示范，推广了青贮玉米深松密植高产等技术，取得了很好成效。

二、山西省饲草产业发展成就

(一) 优势和机遇

1. 自然条件优

山西省地域南北狭长、纬度气温相差较大。雁门关区是半湿润半干旱气候交汇的农牧交错带,是山西省苜蓿、青贮玉米、燕麦草的传统种植区和主产区。晋城、运城、临汾等南部地区光热资源丰富,农作物一年两熟,有利于麦后复播饲草。而且山西省雨季较为集中,与南方地区相比有利于饲草的收获。

2. 产业基础实

山西省北部雁门关农牧交错带经过 20 多年的发展,培育了一批饲草种植加工龙头企业,购置了大量先进的饲草收获加工机械,积累了丰富的饲草种植加工经验,具备了为全省提供饲草产业化全程服务的条件。

3. 技术力量强

山西省先后成立了省现代牧草产业技术体系和牧草产业技术创新战略联盟,加上山西农业大学的草业学院,山西省饲草产业有较强的技术支撑。

4. 发展空间大

山西省有果园 571.65 万亩、撂荒地面积 129 万亩、复垦地约 68.55 万亩、沿黄河滩涂地约 60 万亩,晋南地区复播玉米面积 482.09 万亩,晋中盆地玉米收获后冬闲田达 300 万亩,这些都为饲草产业提供了较大的发展空间。

5. 市场前景看好

一个国家的畜产品人均消费量在很大程度上反映了该国人民生活水平,从长远的观点看,畜产品人均消费量将会影响整个民族的身体素质。当前我国城乡居民草食畜产品消费处在较低水平,2020 年,我国人均牛肉和奶类消费量分别为 6.3 千克和 38.2 千克,只有世界平均水平的 69% 和 33%,未来还有不小增长空间。要确保牛羊肉和奶源自给率分别保持在 85% 左右和 70% 以上的目标,对优质饲草的需求总量将超过 1.2 亿吨,尚有近 5 000 万吨的缺口,饲草产业市场前景看好,大力发展饲草业面临前所未有的市场机遇。

(二) 饲草生产政策推进饲草产业快速发展

1. 粮改饲政策

"粮改饲"是农业农村部开展的农业改革,主要引导种植全株青贮玉米,同时也因地制宜，在适合种优质牧草的地区推广牧草，将单纯的粮仓变为"粮仓+奶罐+肉库"，将粮食、经济作物的二元结构调整为粮食、经济、饲料作物的三元结构。按照"谁收贮补给谁"的原则对青贮玉米、青贮苜蓿等饲草进行补贴。山西省自 2015 年开始实施粮改饲试点项目，从最初的 3 个试点县逐步扩大到 2022 年的 90 个试点县（市、区），粮改饲试点面积由 30.5 万亩扩大到近 100 万亩，增长了 2 倍，10 年累计获得中央资金支持 10.19 亿元，粮改饲试点工作逐步成为山西省畜牧业发展的新亮点。2024 年中央下达山西省粮改饲试资金 1.1868 亿元，任务为完成粮改饲结构调整面积 74 万亩。实际实施粮改饲面积 102.4 万亩，粮改饲项目超额完成 28.4 万亩。

2. 奶业振兴苜蓿行动计划

持续开展奶业振兴苜蓿行动计划，认真实施高产优质苜蓿种植项目。山西省从 2013 年开始实施优质高产苜蓿种植项目以来，共补助高产优质苜蓿种植 10 多万亩，补助金额 7 000 多万元，从 2013 年起对集中连片 3 000 亩以上的苜蓿种植企业进行补助，到 2020 年变为每个县联合种植达到 500 亩以上即可进行补助，每亩补助 600 元，实施范围不断扩大，项目惠及更多市县。

（三）"南北互补、中部突破、粮草兼顾、农牧循环"模式卓有成效

山西省加大力度推进饲草产业发展，培育壮大"链主"饲草龙头企业，积极探索推广"南北互补、中部突破、粮草兼顾、农牧循环"模式，通过麦后复播饲草、积极利用冬闲田等措施，带动全省中南部地区饲草产业迅速发展，取得了经济效益、社会效益、生态效益共赢的良好成效。该模式有八大优点。一是充分利用了耕地资源。利用麦后夏闲田复播饲草，避免了种草与种粮争地。二是提高了土壤肥力。复播饲用大豆的根瘤菌具有固氮作用，有利于小麦轮作倒茬。三是提高了播种质量。麦后复播饲草解决了大量秸秆还田引起的病虫害和播种质量低的弊端。四是为小麦秋播腾出充足时间。复播饲草收获一般提前 15 天以上，有利于冬小麦及时播种。五是解决了籽粒玉米品质不高问题。晋南地区籽粒玉米收获期与雨季重叠，容易出现黄曲霉素超标问题，作为青贮饲料则可以避免这一问题。六是提高了饲草机械使用率。北部饲草龙头企业的饲草机械从南到北得到多次利用，增加了企业收入。七是扩大了饲草发展空间。麦后复播饲草增加了饲草种植面积和产量，助推了山西省畜牧业高质量发展。八是促进了农牧循环。将秸秆直接还田变为饲草过腹还田，不仅为畜牧业发展提供了大量饲草，而且为种植业提供了大量有机肥，实现了农牧业生产良性循环。

（四）饲草生产技术推陈出新，提高饲草生产科技水平

近年来，以山西省畜牧技术推广服务中心为主，结合山西农业大学草业学院、山西省牧草产业技术体系、山西省牧草产业技术创新联盟等科研、生产实践力量，形成了一支饲草新技术示范推广队伍，连续推广了青贮玉米深松密植高产技术、青贮玉米与饲用豆类间作生产技术、苜蓿全程机械化生产技术、青贮玉米与饲用小黑麦轮作技术、耐旱饲用燕麦品种筛选及旱作栽培技术、苜蓿即时收获加工技术等一系列新技术。

三、制约饲草产业快速发展的主要问题

（一）饲草产业发展因土地政策而受限

以苜蓿为例，在奶牛养殖中，通过增加优质苜蓿的饲喂量，可以提高反刍动物饲料精粗比和粗饲料的采食量，明显提高奶牛的产奶量、繁殖能力和寿命，减少疾病发生和兽药投入。《国务院办公厅关于防止耕地"非粮化"稳定粮食生产的意见》规定，"永久基本农田是依法划定的优质耕地，要重点用于发展粮食生产，特别是保障稻谷、小麦、玉米三大谷物的种植面积，一般耕地应主要用于粮食和棉、油、糖、蔬菜等农产品及饲草饲料生产"，虽然文件中规定了饲草饲料生产可以利用一般耕地，然而，优质饲草种植往往需要集中连片适于机械化作业的土地，原先在基本农田种植的苜蓿到期后，在实际情况中很难再找到集中连片适于机械化作业的一般耕地，导致山西省苜蓿种植面积逐年减少。另外，《关于严格耕地用途管制有关问题的通知》中也要求基本农田种植一季粮食作物，这使对耕地条件要求较高的苜蓿产业发展受到很大制约。

（二）饲草良种供应不能满足生产需要

山西省饲草品种自主研发能力相对较弱，从事饲草良种繁育机构偏少，良种扩繁技术不规范，产业化与标准化种子生产技术相对落后，上述各种因素制约造成了山西省草种产量低和质量差的问题，导致85%以上的优质饲草种子依赖进口，国产草种存在世代不清、品种混杂、草种总量供给不足等突出问题，难以实现"产—学—研—用"相结合的育繁推一体化现代饲草种业繁育体系，更无法彻底实现草种业生产国产化和解决国内优质草种供求矛盾。此外，进口品种的适应性品种试验不足，导致省内大部分饲草种植企业（户）在饲草品种选择中主要依赖公司的营销推荐，无法自主选择适宜区域种植的优良饲草品种，在生产实践中经常造成无谓的经济损失。

（三）饲草机械收获加工能力不足

饲草产业对全程机械化作业的要求很高，从种植、收获到加工等各个环节均需要使用各种机械。对于集中连片几千亩甚至上万亩的饲草种植基地，性能稳定品质优越的饲草机械必不可少。然而，从全国来看，我国生产应用的饲草机械化设备不足，在研究、生产以及销售机械化设备的过程都比较滞后，尤其是研发和设计机械化生产设备阶段存在严重的滞后性，进而导致很多国产饲草机械设备无法适应大规模的饲草种植、收获、加工。对63家饲草生产企业的调研发现，国产中型机械占比最高，达72.88%；国产小型机械次之，达32.2%；国外进口大型、中型机械相对缺乏，占比分别为15.25%、8.47%。此外，我国饲草种植多在丘陵山区，地形复杂，适合小型机械作业，但其市场价值低、需求量少，因而研发和生产环节积极性不高，导致饲草机械设备型号单一、配套性和耐用性差。总体呈现为：大型机械总量不足，饲草集中收获期需要从外省调入；国产饲草机械质量差，导致饲草产品加工质量不高；进口饲草收获加工设备价格高，投

入大，补贴少。这些都是山西省目前饲草产业发展中亟待解决的问题。

（四）饲草龙头企业仍待培育

在调研中发现，山西省大部分饲草企业规模比较小，饲草龙头企业示范带动作用不足，远不能满足山西省畜牧业发展需要。年产值 5 000 万元以上的饲草企业仅有 1 个，1 000 万~5 000 万元的饲草企业只有 6 个，500 万~100 万元的企业只有 4 个，其他都是 100 万元以下的饲草企业。所有的饲草生产企业中，饲草产品以自用为主、销售为辅。企业加工的饲草产品自用的占比为 69.49%，部分销售的为 8.47%，大部分销售的为 6.78%，全部销售的为 15.25%。

四、对策和思路

（一）多措并举解决饲草产业发展用地问题

在不违背国家政策的基础上，积极探寻苜蓿、燕麦草等优质饲草发展新出路，充分利用盐碱地、滩涂地、复垦地、农光互补地等扩大饲草种植面积，为草食畜牧业发展提供充足的优质饲草保障。一是利用盐碱地。借鉴黄河三角洲农业高新技术产业示范区的先进经验，示范推广一批盐碱地种植苜蓿集成技术，在大同、朔州等地不适宜种植粮食作物的重、中度盐碱地上种植耐盐碱苜蓿，扩大苜蓿种植面积。另外，对于轻度的盐碱地，可以实行倒茬轮作制度，在种植玉米等禾本科作物的基础上，每隔三年种植一年苜蓿，既能增加苜蓿产量，又能改良土壤，提高来年玉米产量。目前内蒙古阿鲁科尔沁旗等地玉米和苜蓿倒茬轮作制度已示范成功，山西省也在山阴县、清徐县等地开展了示范推广。二是利用滩涂地。山西省黄河、汾河周边有很多的滩涂地，由于泄洪等原因，不让种植高秆作物，另外这些地也不属于基本农田，正好可以利用其种植苜蓿等优质饲草。三是利用复垦地。结合山西省矿区复垦工作，积极在复垦地上种植苜蓿、青贮玉米、饲用小黑麦等优质饲草，既能改良土壤，又能增加优质饲草产量。山西鑫奥特农业开发有限责任公司在矿区复垦地上种植苜蓿等饲草 1.3 万亩，已经取得成功，正在扩大推广面积。四是利用农光互补地。由于新能源建设需要，山西省也建设了不少的光伏设施，现在的光伏设施有一定的高度和宽度，完全可以在下面种植农作物，由于光伏下不能种植玉米等高秆作物，种植小麦又有火灾隐患，苜蓿等多年生牧草正好适合种植需求，既充分利用了土地，实现了农光互补，又增加了苜蓿产量，助推草食畜牧业高质量发展。目前已经在河北省冀州市农光互补地种植苜蓿成功，山西省曲沃县、大宁县也已经开始示范推广，取得了一定进展。

（二）建立良种扩繁基地提高草种供给能力

建立健全科研、生产、管理紧密结合的饲草良种繁育和推广机制，以院校、科研单位、草种经营企业联合协作等方式建立稳定集中的饲草种子生产基地，形成以市场为导向、资本为纽带，利益共享、风险共担的产学研相结合的草种业发展与合作机制，提高草种业的国产化率，为饲草产业健康发展提供坚实的科技支撑。特别是要围绕山西省土地现状，加快筛选适宜中低产田、盐碱地、滩涂地、复垦地等土地使用的草种类型，加快建设饲草良种扩繁基地。目前山西省已在山阴县、右玉县、清徐县等地建了一部分饲草良种繁育基地，积极推进饲草良种扩繁工作。

（三）开展饲草生产社会化服务解决机械制约问题

一是提升饲草机械化水平。加大与先进农机生产企业的合作，如约翰迪尔、凯斯、雷肯、马斯奇奥、克拉斯等企业，加快引进、配套先进的饲草种植、灌溉、收获、加工和贮运等机械设备，消除与国际农机市场的代差，切实提升饲草生产加工机械化水平。二是扶持饲草生产专业化服务组织。山西省具有南北狭长、纬度气温相差较大的特点，使得山西省从南到北农时相差较大，青贮玉米收获时，青贮收获机可以从南到北依次开展作业，因此，为提升大型机械使用率，帮助中小型饲草企业降低机械成本，应完善饲草专业化社会化服务体系，围绕饲草种植、收获、加工等关键环节提供专业化服务，建立与区域饲草生产规模相匹配的生产性服务联结机制，提升饲草"种、收、加、储、运"能力。

（四）培育壮大龙头企业做大做强饲草产业

引导饲草龙头企业向优势产区集中，加大资金、技术、人才等要素投入，加速企业集群集聚。推动饲草种植、收获、加工、贮存、运输、销售全产业链一体化运营，培育一批带动能力强、科技实力强、机械化水平强、创新意识强的链主式饲草龙头企业，积极发挥山西省牧草产业技术创新战略联盟作用，形成稳定的饲草产业联合体，切实做大做强山西省饲草产业。

（杨子森、侯东来，山西省畜牧技术推广服务中心）

分产业科技发展报告

草种质资源和草种业科技发展报告

习近平总书记多次强调：要下决心把民族种业搞上去，中国人的饭碗里主要装中国粮。草种是国家战略性、基础性资源，是草原生态修复的基础支撑，也是绿色农畜产品生产的命脉所在。草种质资源在我国许多地方的生态、生产及提高农牧民生活方面起着重要的作用。草种业是草业的"芯片"，当前我国主粮种业已基本实现95%以上国产良种覆盖，而草种业仍未形成真正的产业。草业发展的关键在于种业的先行。要振兴种业、解决种业发展中的瓶颈——这一技术攻关的基础是解决种质资源的保护与利用。因此，草业科技发展面临的问题包括对草种质资源的研究、种业的科技创新以及草种生产的科技创新。应该从这3个方面进行深入的分析与研究，以选育出一系列品质卓越、竞争能力强、拥有自主知识产权的新品种，从根本上扭转草业发展受制于人的局面，确保产业发展的主导权。

一、草种质资源研究发展现状、趋势分析

（一）草种质资源数量、分布区域

我国拥有丰富的草种质资源，其中草地植物种类超过9 700种（表1）。然而，目前国家草种质资源库仅收集和保存了不到30%的草类种质资源。在对种质资源的重要性状进行精准鉴定方面，我国还处在起步阶段。已收集的种质资源的利用效率不足3%，这一数字远低于欧美发达国家，因此难以满足草原生态建设和城市绿化草坪的需求。目前，我国迫切需要进一步提升草类种质资源的收集、精准评价以及创新应用能力。

表1 常见牧草品种分布区域统计

牧草种类	分布区域
苜蓿	全国均有分布
沙打旺	分布于东北、华北、西北、西南地区
胡枝子	全国均有分布
老芒麦	黑龙江、吉林、辽宁、内蒙古、河北、山西、陕西、甘肃、宁夏、青海、新疆、四川、西藏等地
羊草	黑龙江、吉林、辽宁、内蒙古、河北、山西、陕西、新疆等地

(续表)

牧草种类	分布区域
赖草	主要分布于西北、华北、东北以及西南地区
披碱草	分布于中国北方温带草原区、高寒草甸区及部分干旱半干旱地区
无芒雀麦	黑龙江、吉林、辽宁等地

（二）草种质资源科技创新、研究内容和方法

草本植物具有广泛的生态适应性和丰富的遗传多样性，是当前生物育种研究领域的重要资源。因此，多年来对草种质资源的研究一直受到人们的重视。为了充分挖掘中国草物种的遗传多样性，加快其在生物技术育种领域的应用进程，有必要对我国草种质资源进行系统评价与挖掘。以苜蓿、羊草、披碱草和黑麦草为例，总结其在遗传多样性、抗性、基因组、核型及品种选育方面的研究方法如表2所示。

表2 几种常见种质资源研究方法总结

牧草类型	研究内容	研究方法
苜蓿	遗传多样性	分子标记（RAPD、SSR、ISSR、IRAP）
	抗性（耐盐、耐旱、耐铝、耐热、抗病）	表型分析
	基因组	基因测序、分子标记、染色体定位
	核型研究	核型分析
	品种选育	单株选育、转基因、混合选择
羊草	种质资源筛选	表型分析
	遗传多样性	多态性标记、表型分析
	基因组	基因测序
披碱草	遗传多样性	分子标记（SSR、SRAP、SCoT）、表型
	基因组	基因测序、分子标记（RAPD）
	核型研究	荧光原位杂交、基因组原位杂交
	品种选育	杂交育种
黑麦草	遗传多样性	分子标记（SRAP、ISSR）
	抗性（耐旱、抗病）	表型分析
	核型研究	核型分析
	品种选育	杂交育种

注：RAPD, random amplified polymorphic DNA, 随机扩增多态性DNA标记；SSR, simple sequence repeat, 简单重复序列标记；ISSR, inter-simple sequence repeat, 简单重复间序列标记；IRAP, inter-retrotransposon amplified polymorphism, 逆转录转座子间扩增多态性；SRAP, sequence-related amplified polymorphism, 相关序列扩增多态性；SCoT, start codon targeted polymorphism, 目标起始密码子多态性。

（三）草种质资源技术攻关存在的问题

我国是饲草资源大国，但与国外相比在种质资源数量、质量和保存方式上存在差距（表 3），保存的资源以国内种质为主，且鉴定评价不够精准，技术创新效果不显著，有限的种质资源无法支撑我国社会发展的需要。这也是我国草种质资源技术发展存在的一个制约性问题。

表 3　世界草遗传资源主要保存机构及主要特点

国家（组织）	保存机构	保存数量/万份	主要特色
澳大利亚	牧草基因库	8.48	一年生和多年生苜蓿、三叶草等
美国	国家种质资源中心	7.00	苜蓿、三叶草、披碱草属和黑麦草属
中国	国家草种质资源保存中心库	6.20	饲草和饲料作物
新西兰	新西兰牧草遗传资源中心	3.00	三叶草属和黑麦草属
俄罗斯	瓦维洛夫植物研究所	2.90	以苜蓿属、三叶草属、百脉根属、草木樨属、红豆草属等和禾本科为主
英国	皇家植物园（邱园）	2.67	饲草和饲料作物
国际组织	国际家畜研究所资源中心	1.90	非洲热带饲草
日本	国立农业生物资源研究所	1.20	饲草和饲料作物

1. 饲草种质资源精准鉴定缺乏，优异基因资源发掘利用滞后

长期以来，由于资金短缺和专业人才的缺乏，我国在饲草资源的精准鉴定和规模化基因挖掘方面面临挑战。目前，饲草种质资源的研究仍局限于收集阶段，评价工作主要集中在植物学特性、生态生物学特性以及主要农艺性状上。统计数据显示，我国只有 30% 的库存饲草资源进行了农艺性状评价，16% 的资源进行了部分抗性鉴定评价，而不足 2% 的资源进行了遗传评价。这表明饲草资源评价体系不够系统和深入，资源的遗传背景也不清晰。此外，从分子水平上深入研究优良饲草的优异遗传特性，以及利用现代生物技术和转基因技术有目的地创制新种质的研究工作更为稀少。这些问题的存在限制了饲草产业的发展潜力，需要更多的努力来改进和优化现有的研究方法。

2. 草种质资源保护和草品种繁育不平衡，缺少用于生态修复的品种

在过去，草种质资源保护和良种选育研发主要侧重于牧草，现有审定草品种中，除了草坪草外，主要是以高产优质作为育种目标服务畜牧业发展的品种，鲜有专门用于生态修复的具有较强抗逆性的草品种。而且我国培育的乡土草品种数量偏少，现阶段草地生态修复使用的草种资源以栽培草种为主，存在适应性差的问题。现有乡土草品种远不能满足我国不同气候、地理、生境的生态修复需求，在干旱、寒冷等环境比较严酷的地区表现得更为明显。

(四) 发展趋势

1. 种质资源保护研究力度加大

《"十四五"全国饲草产业发展规划》由农业农村部发布，强调了对种质资源保护体系的进一步完善。该规划提出，需要建立一个综合的国家饲草种质资源保存利用体系，其中包括中心库、备份库和种质保存圃等组成部分。此外，还将构建饲草种质资源创新技术体系，通过精准鉴定和基因挖掘来创建具有突出目标性状且育种价值高的新种质。为了提升饲草品种的检测水平，规划中提出要完善饲草品种检测体系，并实施特异性、一致性、稳定性以及区域适应性测试。为此，需要详尽调查我国关键属种的分布、地理位置和生境条件，对比这些属种的收集现状，特别是在这些属种集中分布区内进行专属种的收集工作。同时，对于收集工作相对薄弱的地区如西藏等地，也应开展相应的补充收集工作，征集并保存专家手中的重点属种种质材料。除此之外，规划还鼓励通过国外引种和国际交换等途径，引进国外重点属种的种质资源。实施专属种收集、补充收集、征集和国外引种这四种策略，旨在提高重点属种的系统性和完整性，为种质资源的深入研究、创新利用和核心种质库的建设奠定坚实的物质基础。

2. 乡土草种质资源研究加强

乡土草种质资源作为维护草原生物多样性、建设生态文明的战略资源和推动中国草种业创新发展的物质基础，近些年在维护地区的生物多样性、保持水土、调节小气候和维持生态系统稳定等方面体现出了综合价值，作为遗传资源在农作物、牧草、花卉、中草药等新品种选育和生物技术研究方面的支撑作用已经得到广泛的认可。同时我国乡土草的相关研究，得到了国家连续 2 个国家重点研发计划项目的支持，取得了显著进展，并初步形成了乡土草抗逆生物学的理论体系。在近自然恢复的理论指导下，加强乡土草的研究和驯化栽培，使其在退化草地修复、高速公路护坡和矿区修复方面发挥重要作用。国家林业和草原局草原管理司二级巡视员王卓然表示："乡土草是与环境相互作用、协同进化的产物，与其生长的生态环境有良好的适应性，常具有耐干旱、耐寒、耐盐碱、防沙固土能力强等优异特性。"加强乡土草种质资源研究既面向国家重大需求，符合国家战略定位，又能为我国草产业发展注入创新动力，推动我国草学研究跨越式发展。

二、草种业科技创新分析与挑战

(一) 全国草品种选育概况

随着我国草牧业的发展、种植结构调整、生态文明建设以及粮改饲等政策的实施，对优良草种子的需求量日益增加。党的十八大以来，草原保护力度不断加大，草种用量每年超过 15 万吨。加强草种业科技自主创新发展，是"藏粮于草、藏粮于技"，也是维护我国生态安全的基础。据统计，从 2010 年起我国草品种中引进品种一直占据着比较大的比例，且存在着增加的趋势（图 1）。同时，由于技术上的缺陷，不能盲目地依靠外来品种，应加大对本土草种资源的研究，挖掘具有开发价值的优良草种，从而满足我国社会发展的需要。但是，就育种技术来看，我国草类植物育种多采用野生栽培驯化、选择育种、杂交等常规育种技术，育种目标多集中在产量、抗逆方面，关于牧草品质育种与改良的问题进展缓慢。在分子育种方面，近年来随着基因组测序技术的发展、基因编辑技术、多组学技术的应用，我国在草类植物分子育种领域取得了重要进展，但总体而言，大多数草种缺乏组学信息、无突变体库、无遗传转化体系、基因编辑体系等限制了其功能基因的研究和分子育种进程，草类植物复杂生物学性状形成的分子遗传机制不清楚，具有重要育种价值的功能基因偏少。

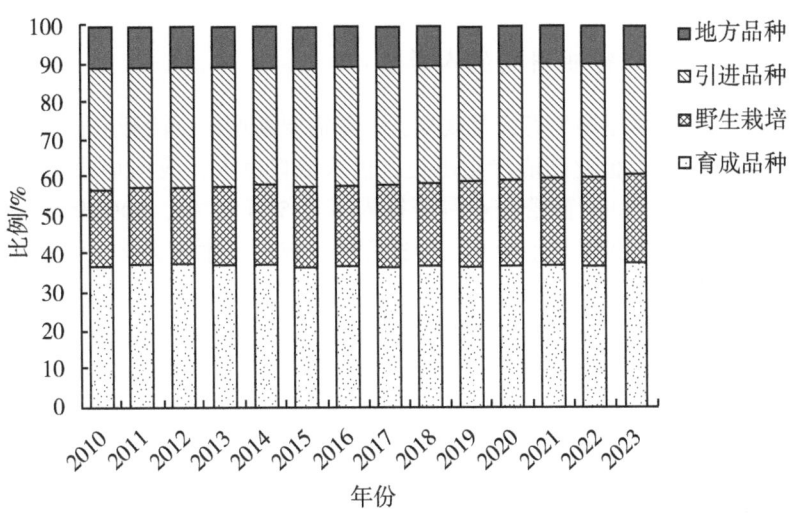

图 1　2010—2023 年各类型草品种所占比例变化

（二）草种选育存在的问题

1. 在育种技术方面采用常规育种技术为主

自 20 世纪 80 年代初起，我国的牧草种子生产历经多年的努力，已经取得了显著的成就。1987—2023 年，国家审定的牧草及草坪草品种共有 656 个，主要集中在育成品种方面（图 2）。然而，我国的育种技术尚不成熟，仍旧依赖于野生栽培驯化、选择育种和杂交等常规育种技术。我国的牧草育种工作与一些畜牧业发达的国家相比存在显著差距，仍处于较低的发展水平，尚未得到现代生物科技的有效支持。牧草基本生物学规律的研究为现代牧草育种提供了科学基础，而我国在这一领域的基础科研工作仍然相对薄弱。

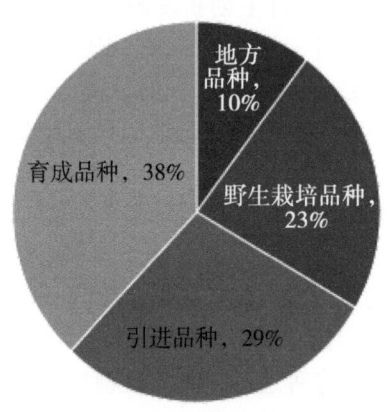

图 2　1987—2023 年农业农村部审定牧草及草坪草品种占比

2. 从事草专业、行业研究的人员少

根据国家林业和草原局生态修复规划，每年需要新增用于治理退化草原的种子 7 万吨，国内牧草种子生产企业产能严重不足，供求缺口巨大，我国草业企业创新能力不足、研发投入不够。70% 的苜蓿企业科研投入不足 5 万元/年，60% 没有自主品牌。我国从事草种选育的人员和团队很少，草种选育缺乏技术人才的支撑。从全国范围看，专业从事牧草品种选育的团队不超过 20 家，主要集中于几个农业大学和一些科研院所（表 4）。另外，还有部分企业也在从事牧草品种的选育工作，但这些单位规模都较小，无法与国家科研院所和高校相比。

表 4　主要的草选育研究团队分布统计

地区	所属单位	团队名称
东北地区	吉林省农业科学院	徐安凯团队
内蒙古地区	内蒙古农业大学	云锦凤团队
新疆地区	新疆农业大学	张博团队
华北地区	中国农业科学院 中国农业大学 北京市农林科学院 中国科学院植物研究所	杨青川、李聪团队 张蕴薇团队 孟林团队 刘公社团队
黄土高原地区	甘肃农业大学 兰州大学	曹致忠团队 南志标团队
华东地区	江苏省中国科学院植物研究所	刘建秀团队
西南地区	四川农业大学	张新全团队
华南地区	中国热带农业科学院	刘国道团队

3. 纸上育种，应用实践少

2012—2022 年，草种子年进口量一直呈增加趋势，由 2012 年的 3.76 万吨增加到 2022 年的 7.16 万吨；近 5 年年均进口量为 5.95 万吨，其中，紫花苜蓿种子为 2 960 吨，其余均为草坪草种子，主要包括黑麦草（*Lolium* spp.）、草地早熟禾（*Poa pratensis*）和三叶草（*Trifolium* spp.）等。从图 3 中可以看到我国的草种子生产基本能够满足建立一般栽培草地的用种需要。但高质量商品草地的用种和草坪草种子主要依赖进口，进口量约占每年需求量的 1/3。另外，用于生态治理的乡土草种子田几近空缺。

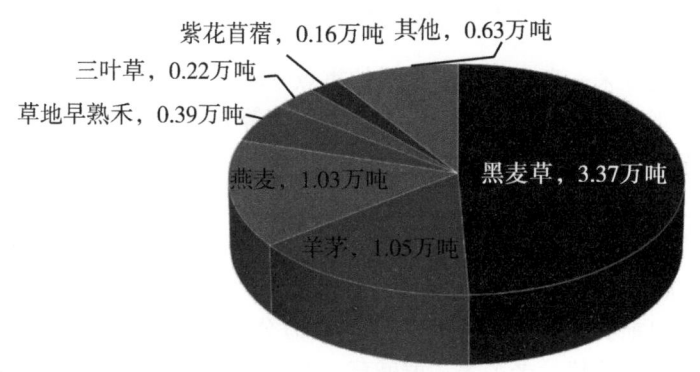

图 3　2022 年度各类草种进口情况

（三）草种业发展趋势

基于草种业现存的困难和挑战，草种业未来的发展趋势在育种技术方面将会以生物技术育种优先。因为常规育种手段主要依赖于经验，效率低。而分子设计育种通过分子设计的方式精准改良牧草品种，是培育超级牧草品种的变革性技术。分子设计育种是加快牧草新品种选育的好手段，但目前尚缺乏适用于牧草分子设计的理论和技术体系。为抢占牧草分子育种先机，中国科学院布局了战略性先导科技专项（A 类）"创建生态草牧业科技体系"，攻克"牧草复杂基因组功能解析"这一"卡脖子"技术，发展基于分子设计理念的牧草育种新技术，实现从传统育种到定向分子育种的跨越，培育具有自主知识产权的高产优质牧草品种。

在研究内容方面主要为乡土草、生态草和草坪草方向。一要加强乡土草种驯化栽培。乡土草是指自然生长于当地的植物，主要指草本植物，但也包括小半灌木和灌木等，其既可以直接驯化选育为栽培牧草、草坪草或生态修复用草，又可以在明确抗逆机理的基础上，挖掘利用其优异基因。开发和利用乡土草种质资源已成为当前国际的主要发展趋势。我国乡土草的相关研究，得到了国家连续 2 个国家重点研发计划项目的支持，取得了显著进展，并初步形成了乡土草抗逆生物学的理论体系。在近自然恢复的理论指导下，加强乡土草的研究和驯化栽培，使其在退化草地修复、高速公路护坡和矿区修复方面发挥重要作用。二要加强草坪草育种。我国绿化和运动场草坪草用种主要依赖进口，草坪草和草坪建设的研究以往未纳入国家有关研发计划，对草坪建设是多头管理。当前，国家林业和草原局已将草坪草的研究和草坪的建设管理纳入其工作范畴，这是一个很大的进步。建议国家加强对草坪草品种选育和草坪管理的研究与生产，早日扭转对国外的依赖程度。三要加强放牧型牧草育种。我国以往的牧草育种主要集中在刈割利用的牧草，对于选育耐牧牧草品种、建立放牧型栽培草地的研究不多，应予以加强，满足在不适于农作物高产的区域，建立放牧型栽培草地的需求。

三、草种繁育的发展现状与科技创新

（一）我国草种子生产与利用现状

种子生产长期以来一直都是草业发展的重点领域，优质高产的种子是草地建设的基础物质保障，在现代畜牧业发展以及生态环境保护等方面发挥着越来越重要的作用。据钱永强介绍，至今，在绿化领域，中国草坪草的草种90%依赖进口；在牧草领域，苜蓿草种60%以上依赖进口；在生态修复领域，所使用的乡土草种主要依赖天然采种。此外，甘肃、青海、内蒙古、新疆等省区的乡土草种、野生草种也严重匮乏，缺口在80%以上。自2000年农业部启动牧草种子基地建设项目开始，在全国已经建立了一批种子生产基地。目前我国草种田面积仅仅为10万公顷左右，年产种子约10万吨，生产的主要草种包括紫花苜蓿、老芒麦、披碱草、燕麦、小黑麦和箭筈豌豆等。我国草种田面积和产量远低于世界其他主要草种生产国，美国仅俄勒冈州禾本科牧草和草坪草种子田就达20万公顷，年产种子27万吨，产值超过10亿美元。新西兰草种生产田常年维持在2.6万公顷左右，是全球最主要的白三叶草种子生产国。但建植高质量人工草地的商品草种和草坪草种子还主要依赖进口，年均进口量约占生产用种量的1/3；而且随着国土生态治理等的需要，生态草种（特别是乡土草种）的供需矛盾更加凸显，亟须加强草种生产各环节的科学研究促进草种业与经济发展。

（二）草种子生产中存在的问题

1. 牧草种子生产的专业化程度较低

受到市场需求不稳定因素的影响，牧草种子生产存在较大的风险。从我国目前的牧草种子生产格局来看，以农户生产为主，规模化生产很少。我国只有蒙草生态环境（集团）股份有限公司一家上市公司以草为主要业务，致力于种质资源库建设、核心品种选育、规模化扩繁和市场推广；但与跨国草业种企相比发展还非常滞后，主要问题包括：生产方式原始、地域性生产基地缺乏、种子生产技术落后、牧草品种紧缺，以及牧草种子繁育体系不健全等。相关研究数据显示，农户生产占70%，仅有30%属于专业化生产。这意味着，牧草种子的产量以及数量均会受到一定的限制。产生此类问题的主要原因是，在土地所有制政策的影响下，牧草生产规模较小且牧草生产田相对分散，这在一定程度上制约了牧草种子生产的集约化以及专业化发展。尤其是以农户为主的生产模式受到其自身专业能力和经济实力的限制，很难实现机械化生产，牧草生产的效率也必然难以提升。

2. 草种认证机制不完善，市场监管不到位

我国牧草种子市场管理不规范，完善的种子质量认证机制和质量监督检验机制尚未形成，草种质量参差不齐，各类种子混杂使用，质量和品种的纯度难以保证，部分草种优良特性退化，种植优势难以显现。我国草种产业起步较晚，市场监管不到位，草种企业间无序竞争且缺乏国际营销观念，多为小规模分散经营，缺乏国际竞争力。

3. 种子繁育体系不健全

草种业自主创新能力不强，企业研发能力、综合竞争力弱，育种方法和手段比较落后。目前草种质资源育种主体为高校与科研单位，以企业为主体的商业化育种体系尚未形成。草种繁育基地"只繁不育"现象突出。育种企业缺少"生物技术+信息化"竞争优势，产业链不完善，原创性成果不多。全区草种生产企业规模小、专业化和机械化程度低、单产低、质量差。草种子平均单产为 10～20 千克/亩，仅为国外种子单产水平的 1/2，未形成育繁推结合、产加销一体化的草种产业化生产链。

4. 种子繁育技术落后

我国草业主要栽培品种中依赖于进口的高达 80%。培育具有自主创新能力的新品种，其关键在于解析草种重要性状的遗传基础，并实现育种新技术和新方法的重大突破。然而，本土草种育成的品种数量有限，产量特性不显著，与野生品种相比，牧草的生产力并未展现出明显优势。目前，关于草品种遗传基础的研究尚显薄弱，新技术的应用也不足，分子育种等现代生物技术在乡土草种质资源的评价、创新和育种工作中应用滞后；优秀草种资源的挖掘工作严重不足，缺乏为筛选高产、高质、抗逆性良好的乡土草品种提供理论支持的研究。因此，关键在于培育具备抗逆性强、高产和优质特性的新品种以及相关配套的繁育技术体系，同时建设原种扩繁基地等措施，这些都是解决草种业育种难题、突破技术瓶颈的关键。

（三）草种繁育的发展趋势

1. 加快科技成果转化，重视良种研发，提高草种生产水平

建立良种繁育专项基金，发展专业化良种繁育场，探索育种新技术以提高国内牧草种子利用效率。完善繁育体系，根据本地区生产需要向牧草品种培育机构预购所需种子，使新品种尽快应用于生产，及时将品种优势转化为现实生产力。采用科学的田间管理方法以提高种子产量和收获量，加强种子田间检验和收获管理以保证种子质量达到国家规定的安全标准。

2. 种子生产专业化

当前的牧草种子产业存在专业化程度较低，对牧草种子的质量和产量均产生了一定程度的影响。基于此类问题，可以加大对育种技术的研发力度，通过政策引导和资金扶持提高牧草新品种的研发率。在此基础上，做好牧草种子生产基地的建设工作，根据各地区的自然条件和气候条件等研发出适应性较强的牧草品种，可有效提升牧草产量与质量，另外，考虑到现阶段的牧草种田十分分散，难以进行机械化生产，给生产效率和生产质量均带来了影响，可以建立牧草种子合作社，以实现对牧草种子的规模化生产，并且指派专家和学者对牧草种子的生产过程进行专业化指导，以提升牧草种子的专业化生产水平。

四、总结

草种业被誉为草业的"芯片"，在我国的发展中，迫切需要提升草种业质量和产量。为此，应进一步开发和利用生态型、功能型的本土草种，强化种子繁育和推广体系的建设，并激发科技创新的潜能。建议迅速启动全国范围内的草种质专业化生产规划，并建立一个可追踪的草种质量系统，重点突破草种质资源的育种工作、加强繁育，以及合理有序地推广。同时，重视草种质资源人才队伍的建设，培养一支既有理论知识又有实际操作能力的草业精英队伍；加大科技投入，推动草种业实现高质量发展；整合资源，完善草种质资源质量检测管理体系。解决这些科学问题将有助于我国迅速培育出拥有自主知识产权、市场竞争力强劲的牧草新品种，从而攻克农业领域的关键瓶颈，确保国家的食物安全和生态安全。

五、建议

草种业是"大食物观"中重要的一环，为此，应进一步开发和利用生态型、功能型的本土草种，强化种子繁育和推广体系的建设，激发科技创新的潜能。全国几乎每个省份都有草育种团队且能有省或自治区稳定的经费资助，山西省虽有零星的草育种工作，但没有建立起稳定、庞大、有影响力的队伍，建议启动山西省范围内的草种质专业化生产规划、组建一支既有理论知识又有实际操作能力的草业精英队伍，重点突破草种质资源的育种工作、加强繁育，以及合理有序地推广；加大科技投入，完善草种质资源质量检测管理体系，建立一个可追踪的草种质量系统，推动草种业实现高质量发展。从政府层面进行人力、物力的支持，将有助于山西省迅速培育出拥有自主知识产权、市场竞争力强劲的牧草新品种，从而攻克草业领域的关键瓶颈，确保国家的食物安全和生态安全。

（杜利霞，山西农业大学草业学院/农业农村部饲草高效生产模式创新重点实验室）

苜蓿产业科技发展报告

苜蓿（Medicago）是世界上最重要、种植面积最广泛的豆科牧草。由于其适应范围广、产草量高、抗逆性和适口性好，且营养丰富，富含蛋白质、维生素和矿物质等营养物质，因此被誉为"牧草之王"，是奶牛等草食动物的优质饲草资源。此外，苜蓿根系发达，且具有生物固氮能力，还是改土培肥、保持水土的重要生态植物。我国苜蓿产业发展起步较晚，与欧洲和美国等发达国家还有很大的差距，本文分析了我国苜蓿产业发展的现状，从多角度分析了草产业发展的技术瓶颈，并提供相关参考建议。

一、我国苜蓿产业发展现状

（一）苜蓿的起源及种植历史

苜蓿的起源一般认为是在"近东中心"的小亚细亚、外高加索、伊朗和土库曼高地，随后通过入侵的军队、探险家和传教士等从伊朗逐步传播到欧洲、北非、阿拉伯半岛、南美等地区，逐渐分布于世界各地。苜蓿适宜在具有冬季严寒和夏季干热明显的大陆性气候区种植，苏联学者 Sinskaya 对苜蓿和其他豆科草进行广泛的系统发育研究后，得出苜蓿具有两个起源中心的结论，即一个为外高加索山区，另一个为中亚细亚。黄花苜蓿（Medicago falcate）在普通苜蓿的进化发展中起重要的作用，因其具有很强的耐寒性和广泛的适应性，可向北扩展到西伯利亚和欧洲大陆类似的气候区域。

据记载，我国苜蓿的栽培历史已有 2 000 多年。公元前 138 年和前 119 年汉武帝两次派遣外交家张骞出使西域，在第二次出使西域时，从乌孙（今伊犁河南岸）带回有名的大宛马、汗血马和苜蓿种子。历史上有不少关于苜蓿的记载，汉书《西域传》记载："大宛国，俗嗜酒，马嗜苜蓿，汉使取其实来，于是天子始种苜蓿""益种苜蓿离宫馆旁，极望焉"。北魏《齐民要术》记载："北方蔬菜三十余种，其中包括苜蓿，书中说此物长生，种者一劳永逸，都邑负郭，咸宜种之。"明朝《本草纲目》中记载："长安中乃有苜蓿园，北人甚重之，江南不甚食之。"清朝《豳风广义》中记载："多种苜蓿，广畜四壮，可以多得粪肥，以为肥田之本。"苜蓿引进后先在长安（现西安）种植，以后逐渐扩展到陕西各地，到明朝时，不仅在西北各省种植，而且已扩展到中原及华北地区。

（二）我国苜蓿产业发展历程

我国人口众多，地形地貌复杂，人均耕地面积少，基本可以实现粮食自给自足。目前，我国粮食需求呈刚性增长的态势，粮食安全供求紧平衡的格局短期内还难以改变，粮食（主粮）安全供应是我国一直重视的问题。我国既是粮食生产大国，也是粮食需求大国。我国每年都需要从国外进口大量的粮食来保证粮食安全稳定供应，其中主要进口的粮食包括小麦、大豆和稻谷等。我国粮食进口总量2020年为1.4亿吨，2021年为1.6亿吨，2022年为1.4亿吨，2023年为1.6亿吨。

虽然我国苜蓿种植、食用、饲用及药用的历史已有2 000多年，但是一直没有实现规模化的人工种植，没有形成产业而进入商品草市场，属于农民自产自用的作物。20世纪90年代末至21世纪初，中央政策鼓励退耕还林还草，商品化苜蓿伴随着生态工程而兴起，我国苜蓿种植面积激增。在这一阶段，我国苜蓿商品草产品主要瞄准的是国际市场，我国为苜蓿草净出口国，目的是为了出口换取外汇。2004年后，政府把农业优惠政策转向补贴粮食生产，从而对饲草产业造成冲击，全国种植苜蓿保留面积急剧下降，呈现出低迷徘徊状态。2008年，中国奶制品污染事件使国内奶牛养殖企业深刻认识到优质牧草对奶业健康发展的重要作用，优质苜蓿草成为规模牛场高产奶牛的必需粗饲料，苜蓿草需求急剧扩大，中国迅速变为苜蓿草净进口国，来源包括美国、澳大利亚、西班牙和加拿大等国家。与此同时，苜蓿产业受到国家政策层面的高度重视，于2012年启动实施了"振兴奶业苜蓿发展行动"，每年拿出5亿元支持在北方规模化种植优质苜蓿。由于国家对苜蓿种植和推广的重视，苜蓿产业发展得很快，如今在全国各地均有种植，主要分布在西北、华北、东北和江淮流域。我国苜蓿产业发展历程见图4。

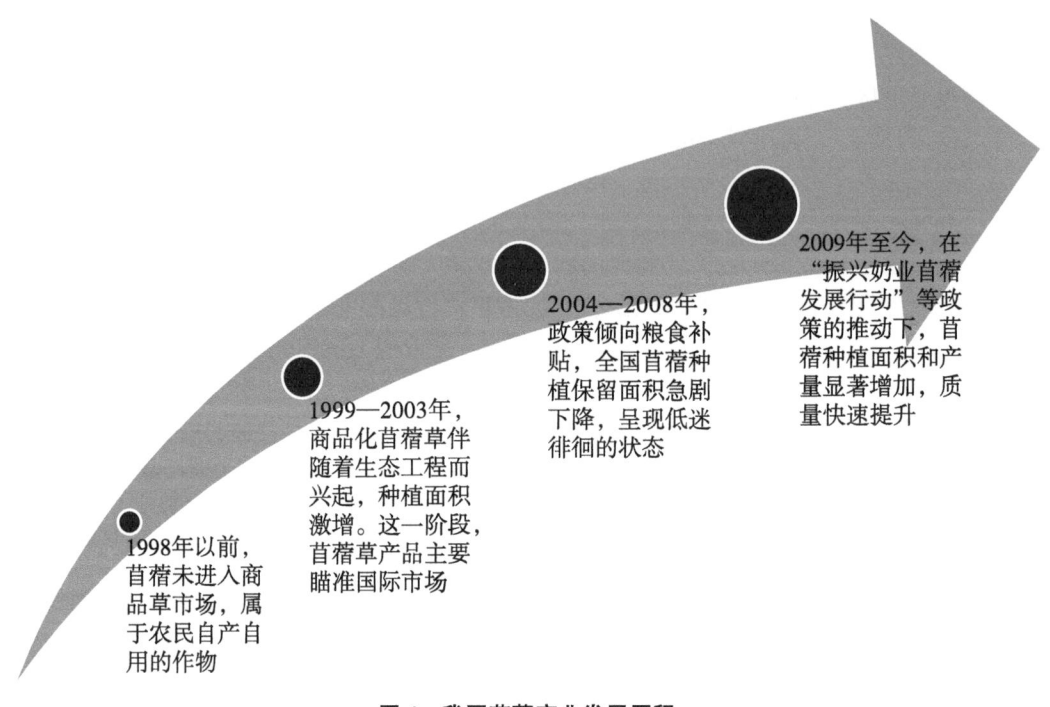

图4　我国苜蓿产业发展历程

（三）我国苜蓿的生产状况

在美国，苜蓿被视为仅次于玉米、大豆和小麦的第四大农作物，2021年美国农业部国家统计局数据显示，苜蓿种植面积约为 6.53×10^6 公顷。自2009年开始，在"振兴奶业苜蓿发展行动"等政策的推动下，我国苜蓿种植面积和产量显著增加，质量快速提升，形成了甘肃河西走廊、内蒙古科尔沁草地、宁夏河套灌区等一批10万亩以上集中连片的优质苜蓿种植基地。目前，甘肃是我国苜蓿种植面积最大的省份，苜蓿商品草种植面积占到全国总种植面积的四成；其次是内蒙古，约占全国种植面积的两成。此外，宁夏、黑龙江、陕西、新疆、河北、山东、山西、安徽、河南和吉林等10余省区也有大面积的苜蓿种植。其中，科尔沁沙地地区、河西走廊、鄂尔多斯高原、银川平原、榆林沙地、天山南北麓等区域是我国苜蓿干草主要生产区；安徽蚌埠黄河故道区、黄河滩区、黄河三角洲区是我国主要苜蓿青贮商品区；甘肃定西黄土高原丘陵沟壑区、陇东黄土高原塬梁区、宁夏六盘山区形成我国农牧交错区草畜一体化发展的典型产区。

截至2022年，我国苜蓿种植保留面积超过7 000万亩，其中优质高产苜蓿种植面积达到了900万亩，居各类人工草地之首。在山西省，据行业内专家统计，2023年苜蓿种植保留面积10万亩。并且近两年有减少的趋势。形势不容乐观。

尽管从2009年开始，在15年的时间里，苜蓿产业得到了政府的支持，实现了快速发展，但碍于我国粮食产业和耕地的国情，苜蓿产业的整体发展水平还远不及水稻、小麦、玉米和大豆等主粮作物。目前我国对苜蓿干草的需求量很大，还不能达到自产自足，每年需从国外进口近200万吨。

（四）我国苜蓿干草的进出口情况分析

1. 进出口情况

自1995年以来，中国苜蓿干草出口量逐渐减少，进口量逐渐增加，但总体上1995—2007年进口量很少，进口最多的2002年仅0.47万吨。这一阶段国家实施鼓励和扶持奶牛养殖政策，奶牛饲养科技有了提升，但奶牛养殖场的粗饲料配方还是传统的"秸秆+青贮饲料+精料"模式。2008年后中国苜蓿干草进出口态势逆转，进口量增加迅猛（图5）。2008年出口2.69万吨，此后出口量保持逐年萎缩的态势，至2020年出口仅0.003万吨。2008年进口量仅为1.96万吨，至2017年进口量高达181.85万吨。

2. 进口结构

1997—2007年，我国奶牛养殖场的粗饲料配方为传统的"秸秆+青贮饲料+精料"模式，苜蓿干草的进口量很小。2008—2014年，我国苜蓿干草进口量激增，美国和澳大利亚牧草在中国的市场占有率高达90%。2014年后，中国牧草进口来源国逐渐增多，向进口多元化市场格局转变。2014年中国开放了西班牙苜蓿草市场，西班牙进口占比总体呈上升趋势，2015年从西班牙进口的苜蓿草所占比例达到11.42%，位列第二，超过了澳大利亚。此后，随着哈萨克斯坦、阿根廷、苏丹、南非等国家的牧草逐步准入，进口份额缓慢提升，自此美国进口量占比逐年下降，但美国仍然是中国苜蓿干草最主要的进口来源国。2018—2019年中国对美国进口苜蓿干草增加关税，来自美国的苜蓿干草进口量明显下降。2019年从美国进口牧草的量占比下降至62.5%，从其他国家进口的量增加。2022年俄罗斯牧草也首次获得准入中国市场许可，于当年开始向中国试供苜蓿干草。在近20年的畜牧业发展中，我国牧草进口规模不断增大，进口结构不断优化，进口市场的参与者不断增多，但美国居于苜蓿干草产品出口垄断地位的基本格局并未改变。

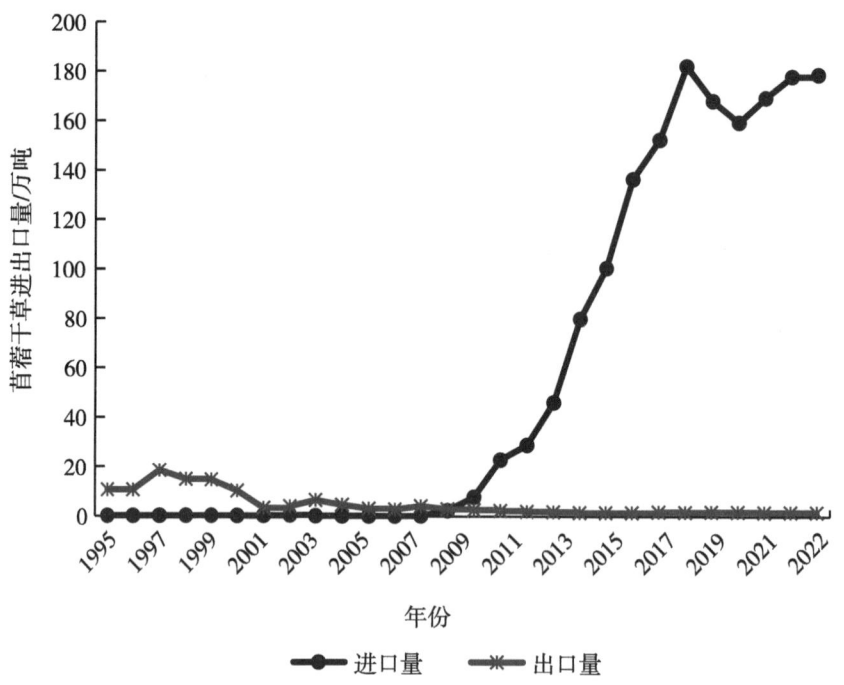

图5　1995—2022年我国苜蓿干草进出口量
（数据来源：联合国商品贸易统计数据库）

二、苜蓿科技创新情况分析

2021年，中国科学院文献情报中心在Web of Science数据库检索到20 400篇（检索时间为2021年5月）苜蓿产业相关的科技论文，并在Derwent Innovation Index和DerwentInnovation数据库分别检索到43 564件行业相关专利。中心对检索到的论文和专利进行了深入分析，如表5、表6所示，以了解我国苜蓿产业科技发展的情况。

从苜蓿相关论文的数量来看，美国遥遥领先于其他国家，且最早发文在1908年就已完成，早于我国78年之久。从单篇论文被引用的频次来看，我国是论文数量排名前10位国家中最低的，说明了我国相关科技论文的质量还有待提高。但是，从近5年发文的占比情况来看，我国占比高达 54%，这也说明了我国近年来苜蓿行业相关的研究处于快速发展的阶段，高质量的科研成果指日可待。

从专利申请和专利公开的数量情况来看，我国均遥遥领先于包括美国在内的其他国家。但是，从重要专利数量来看，我国相关的重要专利数量只能排到第三位，且远远落后于美国的重要专利数量 717 件。另外，从重要专利数量占申请数量的比值来看，俄罗斯、中国和韩国是最差的，我国为 0.39%，而美国高达 25.96%。重要专利代表着专利的实用性、创新性和重要性，从此角度来看，我国苜蓿行业的专利质量不高，在相关专利的申请时，在专利的实用性和创新性上可能还有很长的路要走。

表 5　苜蓿领域研究论文数量前 10 位国家分布

论文数量排名	国家	论文数量/篇	近 5 年发文占比/%	总被引频次	单篇被引频次	最早发文年份	主要科学领域
1	美国	7 226	9	147 681	20.44	1908	植物科学和农学
2	加拿大	1 873	7	28 766	15.36	1919	植物科学和农学
3	中国	1 530	54	21 078	13.78	1986	植物科学和农学
4	法国	1 256	15	46 770	37.24	1972	植物科学和生物化学与分子生物学
5	澳大利亚	1 037	16	20 759	20.02	1972	植物科学和农业多学科
6	西班牙	624	19	14 810	23.73	1976	植物科学和农学
7	意大利	524	19	10 367	19.78	1975	植物科学和农学
8	英国	455	16	13 316	29.27	1957	植物科学和生物化学与分子生物学
9	德国	442	19	14 909	33.73	1972	植物科学和生物化学与分子生物学
10	新西兰	343	19	5 365	15.64	1972	农业多学科和农学

表 6　苜蓿领域专利数量前 10 位国家分布

		专利申请			专利公开		
专利申请数量排名	来源国*	申请数量/件	重要专利**数量/件	重要专利数量占申请数量的比值/%	专利公开数量排名	公开国	公开数量/件
1	中国	6 861	27	0.39	1	中国	8 037
2	美国	2 762	717	25.96	2	美国	5 070
3	德国	437	56	12.81	3	澳大利亚	1 847
4	法国	246	11	4.47	4	加拿大	1 434

(续表)

专利申请				专利公开		
专利申请数量排名	来源国*	申请数量/件	重要专利**数量/件	重要专利数量占申请数量的比值/%	专利公开数量排名	公开国	公开数量/件
5	日本	243	6	2.47	5	巴西	1 110
6	俄罗斯	235	0	0	6	日本	1 026
7	韩国	206	1	0.49	7	印度	795
8	加拿大	159	22	13.84	8	墨西哥	785
9	瑞士	104	23	22.12	9	韩国	558
10	英国	94	14	14.89	10	德国	541

注：* 专利来源国指专利申请人所在国家。** 重要专利指与苜蓿领域其他专利相比，某件专利的强度和重要性。

三、产业发展面临的瓶颈与挑战

（一）育成品种少，育种进程缓慢

1987年全国牧草品种审定委员会正式成立，2005年更名为全国草品种审定委员会。图6展示了从1987—2023年我国苜蓿属植物品种的登记情况。截至2023年，我国登记

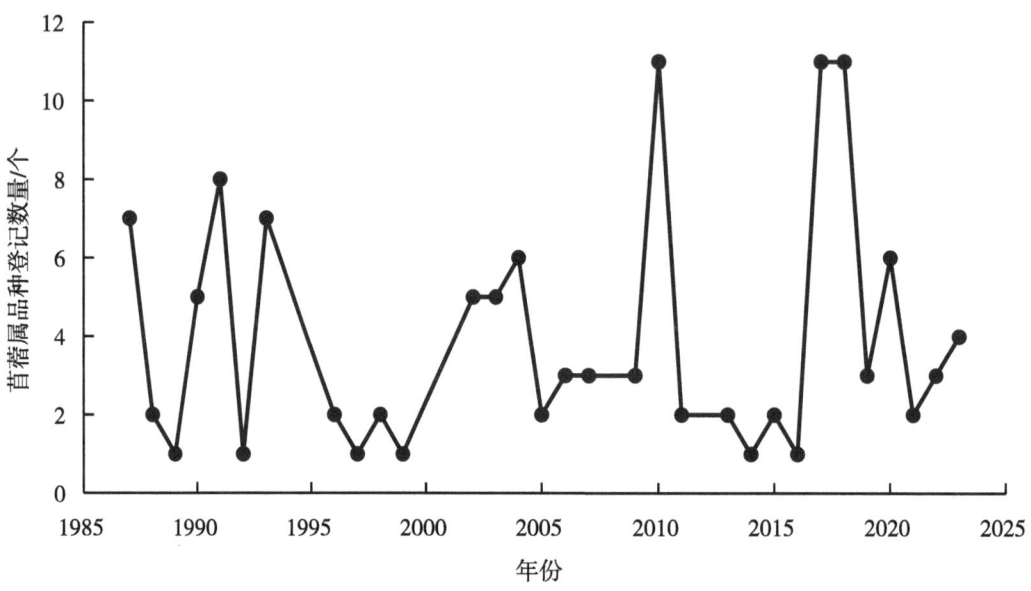

图6 1987—2023年我国苜蓿属植物品种登记数量
（数据来源：农业农村部）

的苜蓿属植物品种数共计 123 个，包括紫花苜蓿、杂花苜蓿、黄花苜蓿以及少量的天蓝苜蓿、扁蓿豆、金花菜和草木樨。在 123 个品种中，育成品种数为 59 个、地方品种为 22 个、野生栽培品种 7 个，其余 35 个为引进品种。在全国牧草品种审定委员会成立以来的 36 年间，我国有 10 年没有育成新的苜蓿品种。即使 2008 年中国奶制品污染事件发生后，苜蓿的育种速度也并没有明显的改变，而美国每年育成的苜蓿品种数量达到几十甚至上百个，如 2007 年、2008 年和 2009 年 3 年分别育成了 103 个、75 个和 59 个。相比之下，我国苜蓿属品种年登记数基本都在 10 个以下，与美国等发达国家相比，我国苜蓿植物的育种速度非常缓慢。

尽管本土育成品种、野生栽培品种或地方品种抗逆性强，但往往又存在产量低的问题，加之新品种的培育进程缓慢，我国对进口品种的依赖度依然很大。

对于苜蓿属植物新品种选育进程缓慢的原因分析如下。

1. 育种技术和手段相对落后

尽管在畜牧业发达国家中，常规育种技术仍占主导地位。2021 年，美国国家苜蓿和牧草联盟发布的苜蓿品种等级评定结果中，16 家企业的 178 个品种中常规育种技术品种达到 128 个，占比 72%。除利用常规育种技术进行苜蓿育种外，转基因育种、基因编辑育种、分子标记辅助育种等生物技术也不断被引入苜蓿育种工作中，并取得了诸多突破，例如，培育出了抗草甘膦（Roundup Ready™ Alfalfa）和低木质素苜蓿品种（HarvXtra™）（KK179）。与此同时，我国还停留在以常规育种技术和方法（引种选择、鉴定筛选和杂交育种）为主的"2.0 时代"，目前没有单纯应用生物技术育成的新品种。

2. 种质资源未充分利用于育种

目前，我国苜蓿种质资源主要以采集、保存为主，而种质鉴定不全面不深入，资源共享率较低；在遗传与表型特征的研究不够深入；尚未建立分子鉴定及高通量智能评价、优异基因挖掘等技术和平台，使得宝贵的种质资源并未充分利用于育种。

3. 知识产权保护机制不健全和育种家体系断代

目前，我国对知识产权的保护机制不健全，育种家历经多年培育出新品种，存在育种成果容易被窃取的风险，这影响了育种家育种的积极性。目前，在草业育种行业内育种成果丢失的事件已非个例。育种保护体系不完善，还会导致前期的研究基础或成果无法顺利完成传承或转化，新品种种子生产受限，最终导致育种家体系断代现象严重。

（二）多原因导致我国苜蓿制种能力弱

据统计，2008 年我国苜蓿种子进口量仅为 48.53 吨。自 2012 年实施"振兴奶业苜蓿发展行动"后，苜蓿种植面积快速增长，苜蓿种子需求量也随之增多，需进口大量紫花苜蓿种子来满足产业发展需要，2021 年紫花苜蓿种子进口量达到历史最高值，约为 0.51 万吨（图 7）。据行业专家（北京正道种业有限公司）估计，我国每年苜蓿种子需求 1 万吨，其中进口约 0.5 万吨。所以，我国对国外苜蓿产品的依存度高，不仅表现在苜蓿干草、苜蓿草粉等产品上，同样还表现在种子上。

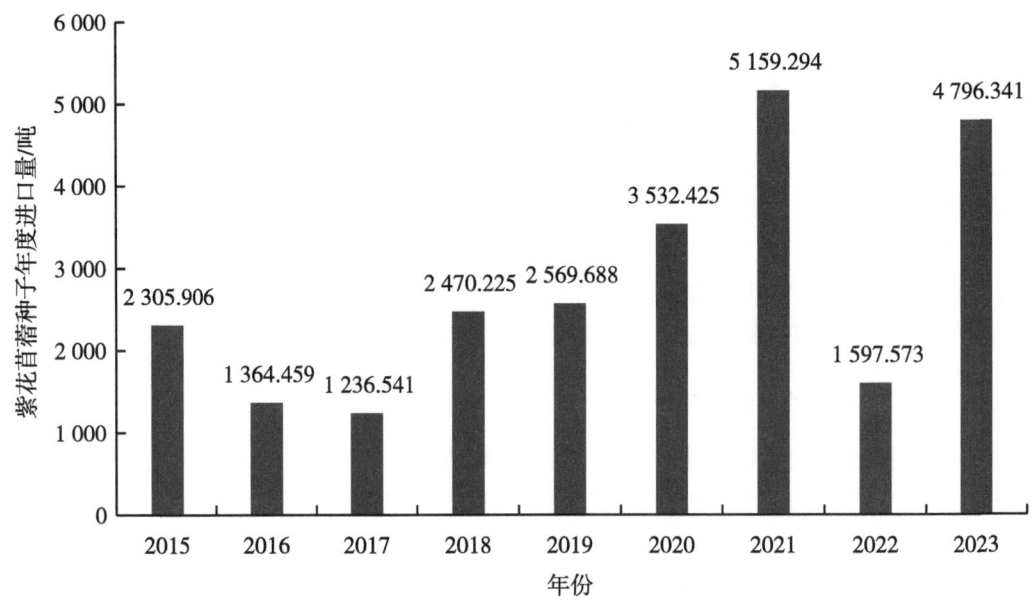

图 7　紫花苜蓿种子年度（2015—2023 年）进口量统计

我国有着广袤的国土面积，但每年仍需要大量进口国外的苜蓿种子，制种能力较弱，其中原因比较复杂，分析原因如下。

1. 育种进程缓慢，缺少优质的新品种产品

市场缺少对新品种知识产权的保护，新品种一旦流入市场，很容易被不法人员重新注册登记而变为己有，造成新品种转化难度大。所以我国有很多的新品种登记后，长时间没有商业化，致使育种家手里只有少量的育种家种子，有些甚至出现缺失。

2. 制种产业不发达，种子生产成本高，利润低，种子生产意愿不强

有些制种企业仍存在专用生产机械靠进口或落后的问题，影响制种的能力和质量。

面对我国苜蓿种子制种能力弱的问题，需要政府制定相关的知识产权保护措施，同时加大对制种领域的扶持，加强补贴资金的使用监管，整体提升我国制种产业的升级发展。

（三）生产机械依赖进口，国产机械品质难保障

随着我国农业产业结构的逐步优化，畜牧业已成为农业产业中的主体产业，牧草产业又是生态畜牧业发展的基础。牧草生产机械化（包括种子生产、播种、收获和加工）作业既能提高饲草产量和质量，又能改良草地理化性状并提高饲草的转化效率。畜牧业和牧草产业的蓬勃发展，带动了牧草机械设备的发展。国家不断加大对牧草产业

机械化的扶持力度，牧草收割机还被列入国家农机优惠补贴目录，在一定程度上激发了市场购买牧草机械的积极性。随着牧草机械需求量的不断加大，国内对其研发生产的积极性也有所提高，如 2019 年中国一拖集团有限公司成功试制了第一台具有自主知识产权的东方红牧草机械产品——9YG-220 型圆草捆打捆机。

目前，我国牧草机械尤其是收获和加工设备的研发和生产与欧美等发达国家还有很大差距，还存在很多的问题。

（1）机械产品种类不齐全，成套机械性能差，机型结构较单一。如我国缺少性能优良的种子加工设备，这严重阻碍了现有国产品种优质种子的生产。

（2）国内牧草机械研发起步晚，目前生产的机械普遍存在质量低、故障多、稳定性/可靠性能差的问题，造成很多机械进口占主导地位。

（3）适应复杂地形的小型机械在科研机构被研发出来，但是考虑赢利问题，没有企业愿意生产，最终不能实现转化。

（4）生产企业缺乏应有的售后服务体系，企业缺少有用的用户反馈信息，造成供给与需求严重脱节。

我国地形复杂，不同于欧美等发达国家，耕地面积短缺，苜蓿生产利用的地块条件更是趋于恶劣。要解决适用于恶劣土地条件的牧草机械短缺这一问题，不能仅靠进口。针对我国牧草机械发展，本书提出如下发展建议。

（1）增强自主创新能力是关键，同时更要注意提升牧草机械的制造工艺水平。

（2）加强对专利、科技成果的法律保护，科研机构与相关企业要重视对专利、期刊论文等的应用，促进其转化为生产力。

（3）对机械的研发和生产给予政策上的大力支持，加快牧草产业机械现代化进程。

（4）生产制造企业进一步完善牧草机械生产作业的功能，加强售后服务体系的建立。

（四）缺乏系统的栽培管理技术标准

正所谓"三分种，七分管"，农业生产离不开系统的栽培管理。紫花苜蓿的种植和栽培管理技术很多是借鉴了传统农业，包括对地块的整理、播种、除草、灌排水、施肥、病虫害防治、刈割等。目前，我国的苜蓿种植部分来自企业的规模化种植，可以生产优质的苜蓿草产品，企业可以通过学术交流完成各方面技术的学习和传播。此外，我国还有很大的散户种植市场、种植面积（保留种植面积、优质种植面积）。对于种植散户来讲，在苜蓿种植和栽培管理技术方面，除学习传统农业外，技术交流或学术交流困难大，缺乏理论科学的指导，这对于我国生产更多的优质苜蓿草产品是非常不利的。目前，在我国可查到的 17 项关于苜蓿的国家标准和行业标准中，只有 5 项涉及病害的检疫鉴定，此外，再无一项涉及种植和栽培管理技术。管理技术标准的推进，需要科技人员的努力。笔者通过中国知网对 2013—2023 年关于苜蓿的科技论文进行了统计，结果共计 7 666 篇。从可视化分析结果（图 8）来看，近 10 年来人们关注的重点在于苜蓿青贮、生产性能和紫花苜蓿品种领域，而对于种植、栽培管理技术的研究凤毛麟角。我国急需建立一套系统的涉及播种、日常养护管理、收获等重要阶段的技术标准、规程，为苜蓿产业的提质奠定坚实的理论基础。

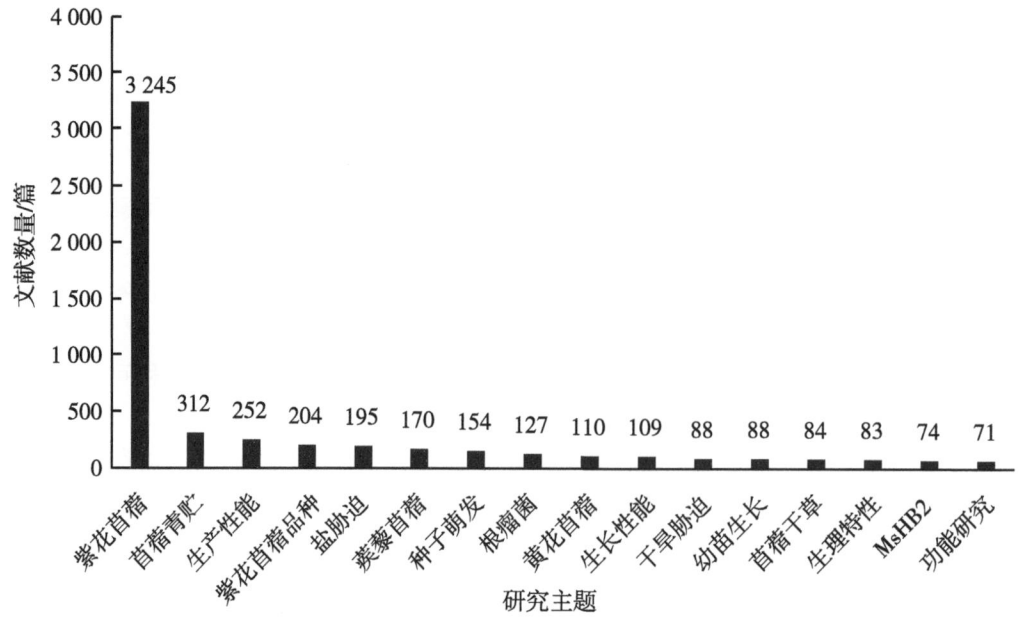

图 8　苜蓿科技论文（2013—2023 年）研究主题可视化分析

（五）中低产田面积大，生产能力有待提高

据统计，截至 2022 年，我国苜蓿保留种植面积 7 000 多万亩，其中优质高产苜蓿种植面积有近 900 万亩。根据我国每年苜蓿干草的进口量来看，近两年的进口量接近 180 万吨，苜蓿草产品存在很大的缺口。而根据我国苜蓿保留种植面积和优质高产苜蓿种植面积差值来看，我国存在大量苜蓿中低产田。这些苜蓿中低产田多为零星分布，不能连片，对这些地块所生产的苜蓿进行商业化利用还存在很大的困难。如此大面积的苜蓿中低产田，如何充分开发利用，提高其生产苜蓿的产量和质量，使其为弥补我国苜蓿草产品的巨大缺口做出应有的贡献，是从业者值得深思的问题。

四、产业科技支撑的重点领域与前沿技术

根据我国苜蓿产业的发展现状及现存的主要问题，对产业科技支撑的重点领域与前沿技术做如下建议。

（一）加强种质资源的收集和保护

种子是产业发展的基础，优良的新品种培育是产业发展绕不过去的话题。传统的选择育种、杂交育种、辐射育种和多倍体育种都离不开优良的本底资源。自 2008 年后，我国苜蓿产业发展进入快车道，但在栽培品种的选择上过多依赖进口，对本土资源的开发利用一直处于非常缓慢的状态，从我国每年苜蓿新品种的登记数量（图 6）上就可以

看出。在大量舶来品的冲击下，应防止我国本土优良种质资源丢失，以致最终出现无种可用的局面。

（二）加快新品种的培育

在当今世界局势动荡不安的形势下，因各种经贸关系紧张可能出现无种下地的情形，因此我国需要加快苜蓿新品种的自主培育进度。对于传统育种和生物技术育种应给予足够的政策和资金支持，从法律层面上加强育种专利的保护，鼓励和保护育种家安心培育优质的苜蓿新品种。同时，全国草品种审定委员会也要严格规范新品种的审批手续，防止出现一些转化意义差的新品种。

在新品种创制的过程中，生物育种具有进程快、定向改良的特点，如基因编辑技术、转基因技术、基因敲除技术、基因过表达技术等基因工程。基因工程不等于转基因，在当前人们对转基因作物褒贬不一的背景下，育种家可利用除转基因外的其他基因工程手段对苜蓿进行品种改良。生物育种对解决我国当前种子主要靠进口的问题是一个突破口。

（三）完善种植、栽培管理技术体系

建立科学的、系统的栽培管理技术体系标准，涵盖播种、管理、收割等重要节点，实现从业人员工作有据可依，是提高我国苜蓿产量和品质的另外一条途径。建立的栽培管理技术标准要既具有普适性又具有针对性，以适应全国各地不同的地理和气候条件，这是栽培管理技术体系建立的难点。

五、结语

我国作为畜牧业大国，对苜蓿草产品的需求量巨大。碍于我国苜蓿产业发展较晚，优良的土地资源有限且气候多变，发展苜蓿产业还有很长的路要走。未来，从业者可在新品种开发、资源的收集利用、生产机械的研发与转化、种植栽培管理技术体系标准化、中低产田生产能力的提高等领域发力，提高我国苜蓿草产品的产量和质量，减少对外国种子和草产品的依赖，走好符合我国国情的自主发展道路，为我国畜牧业的优质发展提供必需的生产资料。

苜蓿产业的高质量发展事关我国畜牧业、奶业的健康发展，鉴于我国苜蓿产品的需求与生产的矛盾，对苜蓿产业的发展建议如下。

（1）鉴于我国苜蓿每年的进口量较大，应加强苜蓿产品的本土供应能力。

（2）鉴于优质土地资源的匮乏以及18亿亩耕地红线的控制，未来可利用苜蓿种植的土地环境可能更严酷，如盐碱地、旱地，故应加强抗逆苜蓿品种的培育和保护，完善相应种植、栽培管理技术体系。

（3）鉴于我国苜蓿品种培育的速度较慢，以及每年种子进口量较大，为保障苜蓿产业的健康发展，应加强种质资源的收集保护、抗逆高产新品种的研发进度。

（4）加快种植、栽培管理技术体系标准化进程，研发适应我国地形地貌的苜蓿生

产机械，加强科普力度，充分挖掘小面积苜蓿种植地的生产潜力。

（徐洪雨、杜利霞、侯向阳，山西农业大学草业学院/农业农村部饲草高效生产模式创新重点实验室）

中国羊草产业科技发展报告

羊草（*Leymus chinensis*）在全球分布于欧亚温带草原东缘，主要集中在我国内蒙古自治区、东北地区三省及其毗邻的朝鲜半岛、蒙古国、俄罗斯等地，此外，在我国山西、陕西、甘肃、河北等省份亦有一定分布。羊草生物学和生态学特性突出，具备耐寒、耐旱、耐盐碱、耐瘠薄等多重抗逆特性，有着较强的生存能力，是生态生产兼用型牧草。羊草在退化草原生态修复和栽培草地建植、边际土地特色牧草种植中应用价值较大，尤其是在未来"生态优先、绿色发展"背景下，具有广阔的应用前景。

我国是野生羊草分布最为广泛的国家，天然羊草草原面积占全球的50%以上，孕育了丰富的羊草种质与基因资源，具备发展羊草产业的得天独厚的优势。同时，我国也是世界上发展羊草产业最早和产业链最为完整的国家，早在20世纪，羊草成为我国出口创汇的主要草种，对韩国、日本有一定数量的出口。尽管我国天然草原羊草分布面积较广，但根据现代草产业发展规律，人工草地集约化水平高，具备高产、稳定、优质等突出特性，对草食畜牧业的支撑能力和发展潜力大，故我国羊草产业发展应主要依赖于人工栽培羊草的发展。

本文采用《中国草业统计》等资料，并利用中国知网等文献数据资源，首先从羊草种植面积、产量、种子生产、商品草等方面分析了我国羊草产业的发展现状，从科技论文及其研究进展等角度梳理了羊草产业科技面临的发展态势，从羊草生物学、生态学角度总结了羊草科技创新与产业发展需求面临的突出问题和挑战，并提出了下一步羊草产业科技的对策建议，通过分析以期为我国羊草产业发展提供一定的依据。

一、羊草产业发展现状

（一）羊草何以成业？

人类发展史伴随着对野生植物的选择性利用与驯化过程，然而长期以来人们对植物的选择主要集中于粮食作物，牧草作为种植业的一个门类被有意识地培育要晚得多，尤其是羊草，在20世纪中叶以后才开始逐步被人们加以利用。半个多世纪以来，我国羊草产业经历了从无到有的过程，尽管羊草目前仅占全部多年生牧草种植面积的6.67%，但由于其生物学与生态学特性突出，发展前景广阔，成为乡土草中的佼佼者，每年种植面积在350万亩左右，位列多年生禾本科牧草种植面积第二（其中多年生禾草种植第一位的为多年生黑麦草，面积为436万亩），相比之下，羊草是我国禾本科乡土草中具有潜力的草种之一。羊草能够成为我国草产业发展的重要草种之一，其优势和主要原因在于以下三方面。

（1）羊草是本土优势草种，在生态修复产业中独具优势。羊草产业始于生态产业，我国羊草分布的草原面积超过3亿亩，草原类型主要属于温性草甸、温性草甸草原、温性典型草原。受长期过度放牧的影响，绝大部分（超过80%）面临不同程度的退化，主要表现为羊草在群落中占比降低，生物多样性下降，草群营养品质和质量降低，通过补播提高羊草占比、改善草地质量成为近年来生态修复中重大需求之一。2019年以来，国家林业和草原局启动了退化草原人工种草生态修复项目，将补播羊草作为修复退化草原的重要技术方式。

（2）羊草具备多抗特性，利用边际土地发展饲草种植业优势明显。羊草具备耐寒、耐旱、耐盐碱、耐瘠薄等多重抗逆特性，近几十年来羊草产业发展迅速，这主要基于两个背景：一方面，我国人多地少，耕地利用优先确保粮食生产是基本国策，不与粮食生产争地、争水是发展草产业的基本前提；另一方面，如何拓展食物生产空间，利用粮食作物难以利用的盐碱地、贫瘠地进行旱作生产，是实现大食物观的重要途径。尤其是内蒙古自治区占全国羊草草原分布面积的一半，气候适宜，具备发展羊草产业的条件，近年来高度重视发展羊草产业，于2023年印发了《内蒙古自治区羊草产业发展规划（2023—2030年）》，其主要思路是在东北部发展区、西辽河流域发展区、沿黄流域发展区3个区域利用天然草地建设半人工草地。利用盐碱地、沙地及其他边际土地建设羊草人工草地。

（3）羊草营养价值相对丰富，是我国草食畜牧业发展的重要物质基础。我国羊草栽培草地实际产量较低，干草产量的全国平均水平不足130千克/亩，远低于苜蓿、青贮玉米等其他主要牧草种类，这主要是在边际土地种植以及缺乏管理投入的情况下得到的结果。然而，在适宜于盐碱地等边际土地种植的草种中，相对于其他牧草，羊草具备明显优势，适口性好，营养价值较高，粗蛋白含量在10%左右，并有较高的膳食纤维含量，是家畜喜食的优良牧草。

（二）羊草产业在全国的分布

根据《中国草业统计（2021）》，我国主要饲草种植种类依次为青贮玉米（4 683.63万亩）、紫花苜蓿（3 068.94万亩）、饲用燕麦（666.11万亩）、多年生黑麦草（436.57万亩）、多花黑麦草（404.22万亩），羊草居第六位，年末保留面积为354万亩，是其中唯一的多年生禾本科乡土草种。通过不同年份对比分析可以发现，我国羊草产业近年来规模保持较快增长态势，年末保留面积从2017年的135.2万亩增加到2021年的近354万亩（图9）。

比较而言，尽管野生羊草在全国分布范围较大，面积达3亿亩以上，但羊草人工种植面积仅占天然羊草面积的1.2%，而且全国人工种植羊草的分布地区比较集中，主要集中在黑龙江（270.3万亩）和吉林（83.16万亩）两省，分别占全国羊草种植总面积的76.36%和23.49%，其他省区包括山东、甘肃、内蒙古、陕西等，共占0.15%（图10）。尤其是内蒙古地区，尽管其天然羊草面积达1.65亿亩，但人工种植面积较小，发

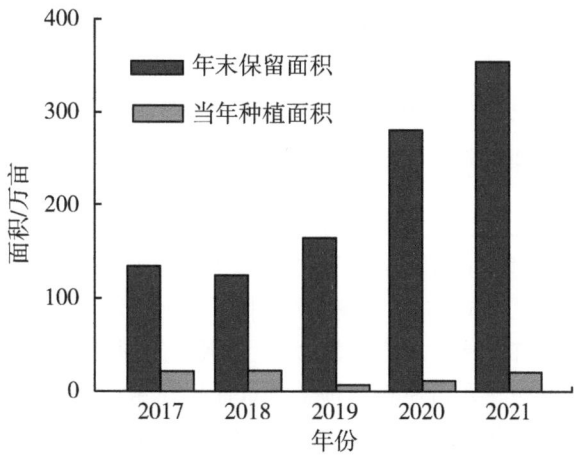

图 9 人工栽培羊草年末保留面积和当年种植面积变化

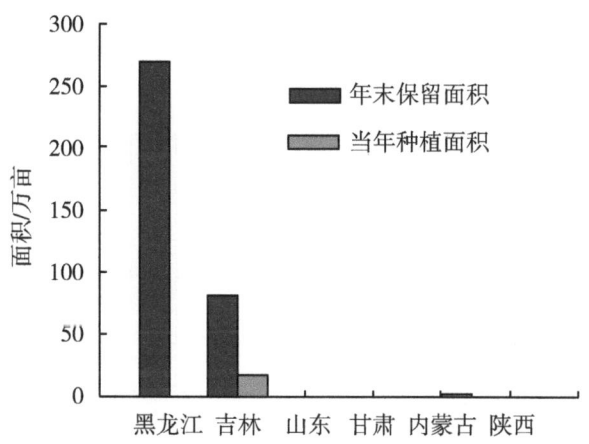

图 10 不同省区人工栽培羊草年末保留面积和当年种植面积

展空间较大。

在人工种植羊草的分布地区中，牧区、半牧区、农区人工种植羊草分别为 5.09 万亩、314.4 万亩、34.51 万亩（图 11），半牧区占 88.81%，是羊草产业发展的核心区。

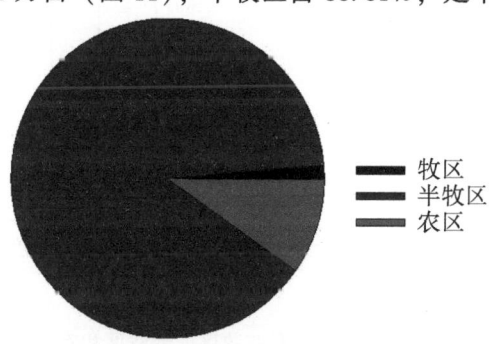

图 11 人工栽培羊草在牧区、半牧区和农区年末保留面积占比

这一现象也折射出我国羊草产业的未来发展前景，在牧区应主要通过生态修复产业推动羊草产业进步，而半农半牧区则是羊草产业发展的重点，应加强人工种植羊草的产量、品质提升，促进草畜空间布局优化结合，实现羊草产业升级与供需匹配。

（三）羊草种子田面积和产量动态

草种是草产业发展之基，羊草产业亦不例外。根据《2023年度全国草种供需分析报告》，我国草种总需求量为16万~20万吨，其中饲草6万~8万吨，生态修复用草种6万~7万吨，草坪草4万~5万吨；而根据《中国草业统计》等资料，我国实际草种子生产田面积为49.97万亩，种子总产量为2.91万吨，总缺口在80%以上。近年来，我国羊草种子田面积保持在3万亩左右，种子产量保持在400吨左右（图12），其中主要分布在半牧区（2万亩，占比66.23%），其次分别为农区（0.9万亩，占比29.80%）、牧区（0.12万亩，占比3.97%）（图13）。吉林是我国羊草种子生产的主要省份，面积达2.7万亩，占全国的89.40%，其次依次为甘肃（面积0.2万亩，占比6.62%）和内蒙古（面积0.12万亩，占比3.97%）。

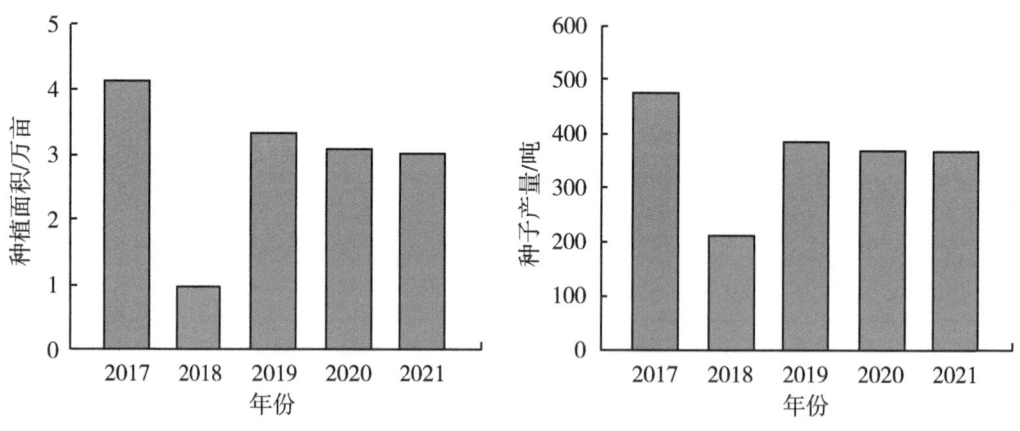

图12 羊草种子田面积和产量动态

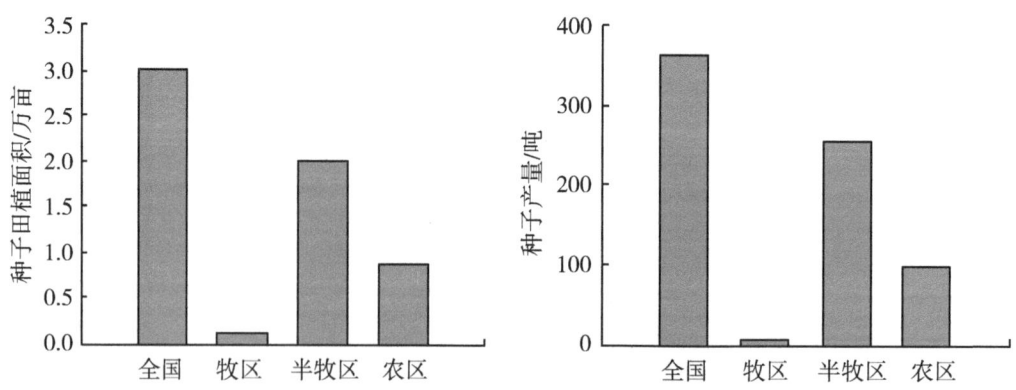

图13 羊草种子田面积和产量在牧区、半牧区和农区的分布情况

(四) 中国羊草的商品化进程

商品草是草产业发展的重要形式,羊草作为在我国北方人工种植最多的多年生禾本科牧草,全国专业从事商品草种植的面积为 272.62 万亩,占全国羊草总面积的 77.01%,商品草总量为 33.35 万吨,占全国羊草总产量的 79.40%,干草平均产量为 120 千克/亩,与自给自足型等其他类型羊草种植经营主体相比在产量上并没有明显优势。总体上,半牧区是我国羊草商品草生产的主要区域,占比 85.93%,其次依次为农区(占比 12.24%)、牧区(占比 1.82%)(图14)。就草产品而言,草捆占比 89.06%,草块和草颗粒占比分别为 5.44% 和 5.51%。根据《中国草业统计》等相关资料,全国从事羊草草产品生产的企业仅 18 家,生产能力在万吨级的有 5 家,绝大部分在 5 000 吨以下,从事羊草草产品生产的企业全部集中在黑龙江和吉林两省,吉林以专业合作社经营为主,黑龙江羊草生产企业规模相对较大。

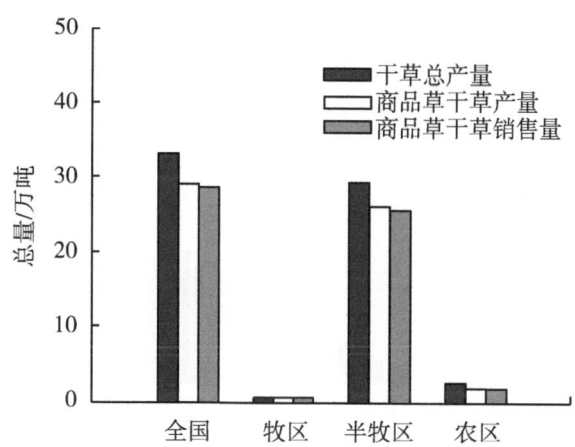

图 14 羊草商品草在牧区、半牧区和农区的分布情况

二、羊草科技创新情况分析

(一) 羊草科学研究总体情况分析

尽管羊草产业发展较晚,且目前产业规模并不大,但由于羊草作为我国重要乡土草种和北方草原建群种,科学家对羊草仍然有着较长的研究历史,围绕羊草的生态功能和生产特性进行了广泛的研究。自 20 世纪五六十年代起,东北师范大学、内蒙古大学等单位便开启了我国羊草研究的先河,此外内蒙古农业大学、中国科学院植物研究所、中国农业科学院草原研究所等单位也开展了较多研究工作,为促进羊草科技进步起到了推动作用。通过对历年文献数量进行分析可以发现:羊草研究在 1979 年之前相对稀少,共计 24 篇;1980—2010 年发展较快,从每年不足 10 篇发展到近 100 篇;尤其是进入 2010 年以后,羊草相关研究的数量呈现稳定的态势,每年

稳定在 90 篇左右（图 15）。

鉴于羊草在生产、生态方面的双重属性和功能，我国科学家围绕羊草的研究工作也可大致分为两个视角：一是羊草生物学与育种、栽培、加工与利用研究，侧重于人工草地羊草；二是羊草生态学及在草地修复改良中的应用研究，侧重于天然草地羊草。过去半个多世纪以来，我国科学家的研究工作主要集中在后者，占总文献量的 91.49%，而从事羊草生物学与育种、栽培、加工与利用研究文献量占总文献量的 8.51%，学者们的旨趣和关注点可见一斑。具体而言，1979 年之前，天然草地羊草研究和人工草地羊草相关研究的占比分别为 98.75% 和 1.25%；1980—1989 年，二者的占比分别为 84.70% 和 15.30%；1990—1999 年，二者的占比分别为 88.26% 和 11.74%；2000—2009 年，二者的占比分别为 90.9% 和 9.1%；2010 年以来，二者的占比分别为 93.87% 和 6.13%（图 15）。

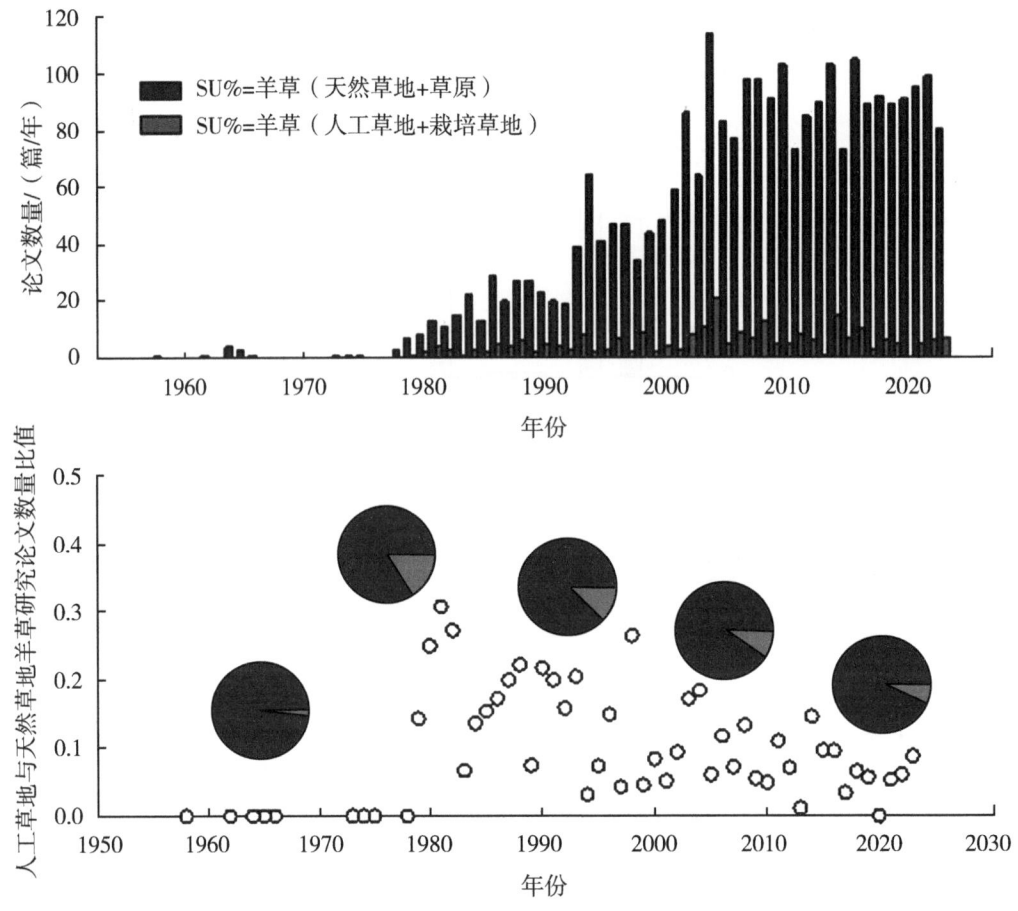

图 15 基于 CNKI 的羊草相关论文总体情况分析

（二）我国羊草科学研究的阶段划分

总体上，我国羊草科学研究在不同时期呈现出不同的研究特色，该方向的研究从无到有、从萌芽到快速发展后趋于稳定，总体上历经起步萌芽（1979年前）、快速发展（1980—1999年）、稳定成熟（2000年至今）3个阶段。

1. 第一阶段为羊草研究的"起步萌芽"阶段（1979年前）

在该阶段，羊草研究数量较少，主要集中于对羊草草原群落和植物特性的描述性分析。比较有代表性的研究工作是赵一之分析了羊草草原产量的形成因素，祝廷成等研究了东北羊草草原产草量动态，李世英和萧运峰划分了内蒙古呼伦贝尔地区羊草草原放牧演替阶段，祝廷成等研究了东北羊草草原开花节律。

2. 第二阶段为羊草研究的"快速发展"阶段（1980—1999年）

在该阶段羊草研究呈现多元发展态势，研究方向和视角趋于多样化。在生态学和草原合理利用角度，李博等研究了内蒙古呼伦贝尔牧区草场植被资源及其利用方向；孙鸿良和赵献英论证了包括羊草草原在内的温带草原生产力特征及其合理利用与开发建设的方向；杨持采用二维网函数插值法分析了羊草草原群落水平格局，同时在羊草草原改良方面开展了新的探索；还有一些学者研究了草原浅耕翻、松耙、施肥等培育措施对羊草生产力的影响。在这一时期，关于羊草生物学如光合作用、染色体、生长发育特性与发芽率等方面的研究取得了重要进展，关于羊草人工草地的研究也得以探索。

3. 第三阶段为羊草研究的"稳定成熟"阶段（2000年至今）

进入21世纪以来，羊草科学研究的队伍得到壮大，经费支持力度空前，科学方法论日臻完善，使得羊草研究进入稳定发展的态势，在羊草生理生态、羊草生物量形成、羊草育种等方面均取得了显著进展。尤其是在此期间，学术著作从无到有，填补了该领域的空白，祝廷成于2004年出版的《羊草生物生态学》是我国首部关于羊草科学研究的集大成之作，刘公社等分别于2011年和2015年出版了《羊草种质资源研究》《羊草种质资源研究（第二卷）》，马红媛于2018年出版了《羊草种子生态学与盐碱地植被恢复》，郝明德等于2023年出版了《人工羊草地生产力研究》，系统地从羊草生态学、生物学及生产应用等角度进行了总结。

三、羊草产业科技发展面临的瓶颈与挑战

（一）羊草产业发展呼声与产业规模不匹配

羊草被誉为"禾草之王"，尤其是其具备出色的抗逆特性，在北方半干旱区生态修复和发展旱作牧草生产中具有极大的应用空间。近年来，随着国家高度重视生态修复，

同时受限于水资源等条件，寻找优异的乡土草品种来满足生态修复和旱作牧草生产的需要显得十分迫切，在此背景下，羊草以其优异生物学特性而备受关注。在 2022 年农业农村部发布的《"十四五"全国饲草产业发展规划》中，专门提到在我国东北地区、农牧交错带地区发展饲草产业要兼顾羊草等品种，尤其是内蒙古专门出台了《内蒙古自治区羊草产业发展规划（2023—2030 年）》，这是全国首个针对羊草发展的规划。尽管近年来我国羊草产业发展呼声很高，但产业规模相对较小，全国人工种植面积不足 400 万亩，政策的撬动作用尚未得到根本显现。

（二）羊草科技创新与产业需求存在脱节

自 20 世纪中叶以来，我国羊草研究长期以来主要关注天然草原生态，如羊草草原生产力、羊草的放牧响应、羊草相关的生物学与生态学特性等方面，而羊草在饲草产业发展相关的问题，如抗逆机制、多抗品种培育、羊草人工草地建植等方面开展的工作则十分有限，相关文献量在总的与羊草相关的文献中占比不足 10%。而实际上，我国羊草产业发展主要存在两大应用场景，一是羊草人工草地生产相关的应用场景；二是天然羊草草原的修复、改良相关的应用场景。针对天然羊草草原的修复、改良方面，目前主要的技术瓶颈是适宜于天然草地补播修复的羊草品种及种子包衣等配套技术，在极端干旱及降水高度变异的条件下，补播修复羊草的发芽率、幼苗成活率等问题尚未取得突破，且目前的文献中针对该问题的研究尚非常稀少；针对羊草人工草地生产方面，尽管羊草具有耐寒、耐旱、耐盐碱、耐瘠薄等多重抗逆特性，在逆境下羊草的生存能力表现优异，但生产力水平并不高，如何兼顾抗逆和高产、优质，提高羊草人工草地水分、养分利用效率是当前迫切需要解决的难题，此外目前针对羊草人工草地生产中的合理利用方式、水肥管理、丰产调控技术等方面的研究也非常缺乏。

（三）羊草产业科技发展与政策协调性不足

目前，国家和地方高度重视羊草，为羊草产业发展提供了难得的历史机遇。羊草产业及其科技支撑体系的建设与发展跨林草、农业、科技等多个部门管理，目前关于在国家和地区层面上羊草生态产业布局、羊草饲草种植区划、羊草产业带、羊草科技创新的匹配性尚存在协调不足的难题，尤其是缺乏羊草经营的市场主体，目前企业规模小，大部分是合作社经营，缺乏大型草业企业从事羊草良种繁育及羊草种植、销售，缺乏企业作为科技创新主体来开展相关技术开发工作，未能在羊草方面建立起成熟的产学研用一体化科技创新模式。

四、羊草产业科技支撑的重点领域与前沿技术

（一）以"以种适地"为背景寻找羊草发展定位

我国耕地资源紧缺，人地矛盾突出，"不与粮争地"是我国发展草产业的基本出

发点。据统计，我国耕地70%以上从事粮食作物（稻谷、小麦、玉米、豆类、薯类）生产，其他依次主要为蔬菜、油料、棉花、茶树、果树、糖料、烟草等重要农作物生产。除此之外，能从事牧草生产的土地资源非常有限，根据《中国草业统计》，目前我国耕地种草面积每年约4 500万亩，其中近1/3为农闲田种草。在此背景下，拓展牧草产业发展的空间是摆在我国面前的根本问题，而利用盐碱地、坡耕地、四边地、沙地、退化耕地、修复场地等边际土地是可靠的出路。边际土地的基本特征是土壤障碍因素突出，受到水（如坡耕地）、温（如农闲田）、肥（如盐碱地）等资源严重约束。因此，我国羊草发展应在边际土地中寻找产业定位和应用场景。中共中央办公厅和国务院办公厅印发了《关于推动盐碱地综合利用的意见》，各地区提出了"优种适土、改土利种"等诸多工作思路，突出"以地适种"和"以种适地"相结合，在此应拓宽思路，在"以种适地"的具体实现路径中，除了以新品种选育实现"品种适应"外，也应强调"物种适应"，根据生态学原理，物种分化是生物适应的终极形态，而羊草俗称"碱草"，具有耐盐碱的优良特性，为准确定位包括羊草在内的我国草产业发展提供了机遇。

（二）以"为用而研"为理念开展羊草科技创新

随着"十三五""十四五"以来国家科技体制改革的深入推进，我国科技创新与产业创新深度融合成为科技创新的基本要求，从而实现产学研用全链条的深度结合，因此突出"为用而研"的理念是产业科技的重要内涵。我国涉草相关科技供给长期不足，以草种业为例，培育草品种数量不足美国同期育成草品种的1/6，生态修复用草种的实际支撑能力不足50%，加上饲草种植需求缺口巨大，与此相对应是我国草种育种技术落后，目前主要集中于野生驯化、杂交选育等传统手段，分子设计、基因编辑育种缺乏，此外草种的单一化导致育种场景应用导向薄弱，无法做到"适地适草"。从根本上讲，目前包括羊草在内的草业科技创新存在生产与科技的脱节问题。为此，应加强研究多抗羊草高产优质的生物学基础，这是由于羊草本身已具有抗逆特性，亟待解决的是抗逆下的高产问题，同时，应加快羊草新品种培育，以满足多元化场景的用种需求，尤其是应建立在资源约束下边际土地羊草高效生产技术，以解决产业发展中所实际面临的理论与技术瓶颈。

（三）以"三生共赢"为目标拓宽羊草产业机遇

生产、生态双重功能与属性赋予羊草更多发展生机，我国羊草适生区主要在东北、华北、西北等地，主要涉及北方草原区和农牧交错区，降水少且波动大，风蚀沙化严重，生态本底脆弱，尽管资源禀赋不高，但该区域既是我国草食畜牧业发展的关键地带，也是北方生态安全屏障建设核心区。在农牧交错区发展羊草人工草地可以实现植被周年覆盖，减少风蚀沙化风险。例如，近年来在通辽市开鲁县小街基镇打造的"羊草小镇"，建立了"科研+公司+村集体经济组织+农户"发展模式，实现了生产、生态兼顾，促进了农牧民增收致富。同时，在牧区进行羊草补播，是羊草产业发展的另一特殊途径，可以加快植被恢复速度，促进草原畜牧业转型升级。总之，以"三生共赢"为目标，将有效拓宽羊草产业的发展机遇。

（侯向阳，山西农业大学草业学院/农业农村部饲草高效生产模式创新重点实验室；李西良，中国农业科学院草原研究所）

中国禾本科牧草产业科技发展报告
——以饲用燕麦、饲用小黑麦为例

饲草作物是畜牧业和养殖业发展的基石。随着人们对于饮食的需求从"吃得上、吃得饱"向"吃得精、吃得好"转变,对于肉蛋奶等的需求继续增加,对饲料粮的刚性需求和缺口继续增大。在粮食安全的大背景下,保障粮食安全的压力不仅在于口粮安全,更主要在于保障饲料粮安全。树立大食物观,合理利用土地资源,选育优良饲草品种,提高饲草栽培和加工技术成为草牧业发展的一条有效途径。

山西省处于农牧交错的地区,因其气候和地理环境成为良好的草食畜生产带。草业在现代农业体系中占据重要地位,饲用燕麦和饲用小黑麦是山西诸多饲草中重要的牧草资源。"青贮玉米+饲用燕麦/饲用小黑麦"的组合模式,可有效实现经济、社会、生态效益共赢。饲用燕麦和饲用小黑麦推广能有效缓解饲草季节供应不稳定、天然牧草生产力下降等难题,在提升其优质饲草生产力中展现出巨大潜力,优化山西饲用燕麦和饲用小黑麦产业,对促进其畜牧业具有重要意义。

然而,当前山西饲用燕麦和饲用小黑麦产业规模小、产业散、技术弱,种质创新率、产业规模与发展呼声匹配度、科技创新与产业需求契合度等方面存在提升空间。本文总结饲用燕麦和饲用小黑麦产业的发展现状,分析其科技创新进展和山西饲用燕麦和饲用小黑麦产业发展面临的瓶颈与挑战,并提出建议,以期为山西饲用燕麦和饲用小黑麦产业发展提供有益参考。

一、饲用燕麦和饲用小黑麦产业发展现状

(一)发展饲用燕麦和饲用小黑麦产业的重要意义

随着广大居民消费水平不断提高,人民对畜产品需求逐渐向绿色、无公害方向转变,饲草是实现这一目标的基本保障。《"十四五"全国牧草产业发展规划》指出,当前要实现主要畜牧产品自给率目标,优质饲草的缺口比率高达41.6%,未来需求依然呈现强劲趋势,因此培育高产优质牧草品种十分必要。饲用燕麦(*Avena sativa*)和饲用小黑麦(*Triticale*)被认为是值得广泛种植且营养丰富、极具经济效益的优质饲料作物,已成为中国半农半牧区和高海拔山区等环境条件较差地区的重要饲料来源。二者均具有抗旱、抗寒、耐贫瘠、耐盐碱、适应性广、抗病虫害能力优良的特点,饲用小黑麦还能充分利用冬闲田。利用冬闲饲用小黑麦,有利于缓解我国冬、春季干草缺乏的问题,增

加牧草供应，对畜牧业和农业生产有着重要意义，并能合理、高效利用光、温、耕地等资源，提高复种率，且有益于生态环境改善。山西作为北方农牧交错带的重要组成部分和草食畜牧业发展的优势区域，提高饲用燕麦和饲用小黑麦种植面积，推动新品种的推广和高效栽培模式的落地，饲用燕麦和饲用小黑麦有望成为解决山西饲草短缺矛盾、保障畜牧业生产、促进生态保护和经济协同发展的重要饲草。

（二）饲用燕麦和饲用小黑麦的分布状况及生产情况

随着我国畜牧业的快速发展，饲用燕麦作为优质饲草，种植面积逐年增加。我国的饲用燕麦种植集中于西北、华北和西南地区，主要生产省区有青海、甘肃、四川、宁夏、内蒙古和山西等（图16）。据统计，饲用燕麦的种植面积由2001年的143万亩增加到2023年的400万亩，年均增长率4.57%（图17）。

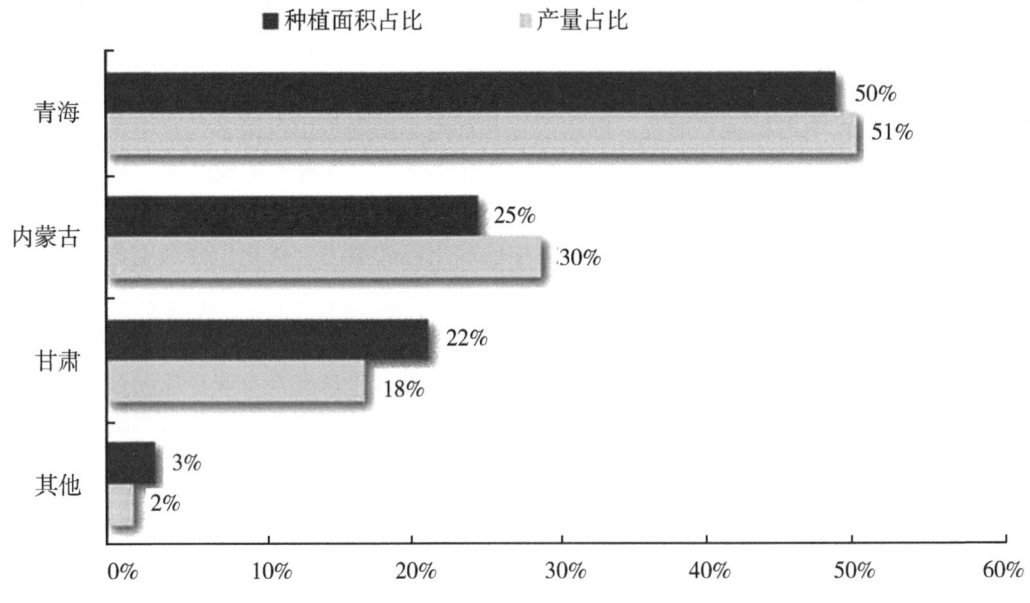

图16　2019年中国饲用燕麦商品草生产面积及产量主产省区占比

根据中国草业统计相关数据，饲用燕麦干草的产量由2001年的2.1万吨增加到2023年的200万吨，年均增长率21.9%（图18）。

饲用小黑麦作为优质饲草具有适应性强、分布广的特点。饲用小黑麦主要种植区域在华北地区、西北地区和黄淮海区域种植。据2023年统计，种植面积较大的省区包括宁夏、山西、河北、甘肃和新疆，分别为6.5万亩、5.5万亩、1.5万亩、1.3万亩和1.1万亩。主要栽培品种包括晋饲草1号、冀饲3号、石大1号、甘农2号。

山西饲用小黑麦主要种植于太原-晋中盆地、忻州盆地、临汾地区、长治地区、忻州和吕梁部分地区。县域主要分布在清徐县、小店区、榆次区、平遥县、灵石县、文水县、孝义市、原平市、襄汾县、高平市、榆社县、原平市等12个县市。山西主要种植的饲用小黑麦品种包括晋饲草1号、冀饲3号和石大1号等。近年来，饲用小黑麦在山

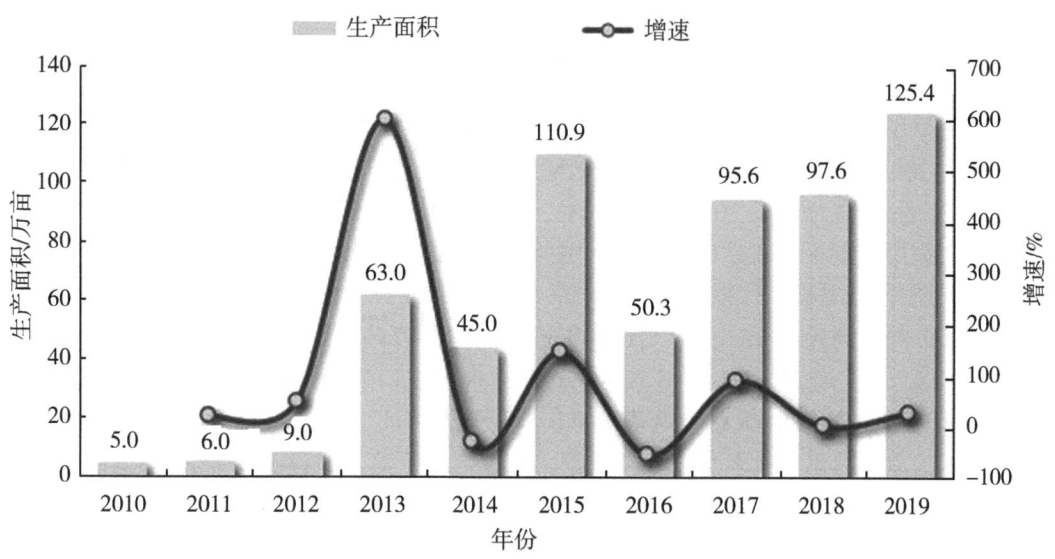

图 17　2010—2019 年中国饲用燕麦生产面积及增速情况

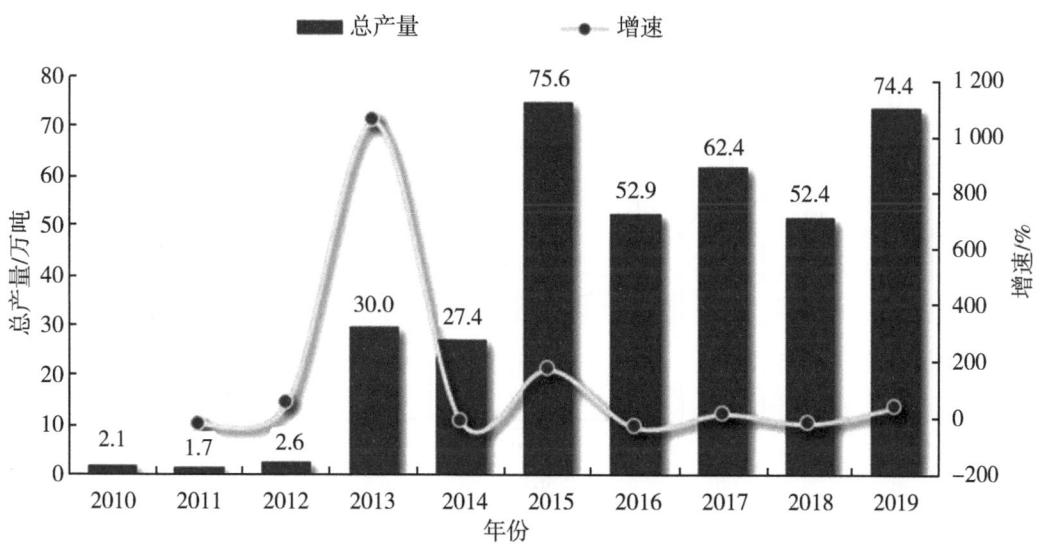

图 18　2010—2019 年中国饲用燕麦产量及增速情况

西的种植面积呈逐年快速增加趋势，2020 年种植规模在 1 500 亩左右，2021 增加到 3 800 余亩，2022 年和 2023 年规模增加至 5.5 万余亩。近 3 年，山西饲用小黑麦干草价格保持在 1 300～2 200 元/吨，2023 年山西饲用小黑麦的干草产量达到 450～700 千克/亩，临汾地区产量达到 600~700 千克/亩。

（三）饲用燕麦和饲用小黑麦草的商品化进程

我国饲用燕麦和饲用小黑麦饲草生产起步较晚。据相关数据统计，2008 年以前我国的饲用燕麦干草生产企业基本没有。2009 年以后，随着燕麦干草生产规模扩大，养殖场对其需求增加，燕麦干草生产企业逐步增多。2009 年，我国燕麦干草生产企业数量为 10 家，2014 年已增加到 19 家。2004 年以前，我国燕麦商品草相对较少。之后，燕麦商品草生产面积由 2005 年的 0.37 万公顷增加到 2014 年的 1.51 万公顷。燕麦商品草产量由 2005 年的 1.90 万吨增加到 2014 年的 11.42 万吨，占燕麦干草总产量的比重由 2005 年的 0.5% 增加到 2014 年的 4.5%，但仍然占比较低。

国内饲用燕麦干草商品率主要受到国外进口燕麦草市场的影响。据中华人民共和国海关总署统计，2014 年中国进口燕麦干草 12.73 万吨，同比增长 182.52%；2015 年进口 17.52 万吨，同比增 25.25%；2016 年进口 22.27 万吨，同比增 47%；2017 年进口 31.00 万吨，同比增 38.38%（图 19）。2020 年中国进口燕麦干草 33.50 万吨，进口金额 1.16 亿美元。25 家澳大利亚燕麦干草出口工厂许可证于 2021 年 2 月到期，中华人民共和国海关总署迟迟未批复可以续期，澳大利亚燕麦干草可出口工厂 28 家减少到 3 家，2021 年、2022 年和 2023 年燕麦干草进口量分别为 21.22 万吨、15.24 万吨和 7.20 万吨。从 2021 年燕麦干草进口量减少以来，国内燕麦干草的产量呈现递增趋势。

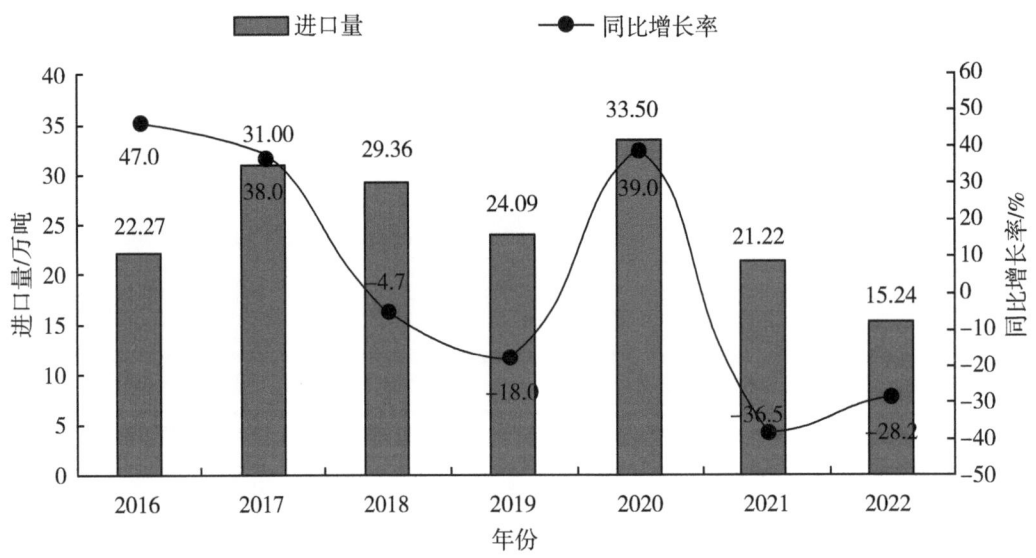

图 19　2016—2022 年中国饲用燕麦干草进口情况统计

饲用小黑麦作为冷季型优质饲草，近几年得到了快速发展，种植面积达到了 30 余万亩。饲用小黑麦可以利用冬闲田生产优质饲草，不与粮争地，提高了土地资源利用率，与燕麦草在家畜干草利用中形成了良好的协同效应，从事饲用小黑麦饲草种植和加工企业迅速增加，商品化率逐年增加。

山西从 2015 年朔州市草牧业试点项目实施以来，饲草产业得到迅速发展，饲草种植面积逐年增加。2022 年山西燕麦种植面积达 7 万亩，饲用小黑麦种植面积 5 万亩。随着种植面积增加，以及燕麦和饲用小黑麦饲草产业发展，山西饲草生产企业朔州市骏宝宸农业科技股份有限公司、清徐县金牧源种植有限公司、灵石县鑫奥特农业开发有限公司等企业积极开展饲用燕麦和饲用小黑麦饲草生产。

二、饲用燕麦和饲用小黑麦科技创新情况分析

（一）饲用燕麦和饲用小黑麦科学研究的文献计量学分析

为统计分析饲用燕麦相关研究进展，本文利用 CNKI 中文数据库为数据源，检索式＝"饲用燕麦草"＋"饲用燕麦草栽培"＋"饲用燕麦草育种"＋"饲用燕麦草加工"＋"饲用燕麦草利用"＋"饲用燕麦草种质资源"＋"饲用燕麦草种植"＋"饲用燕麦草生长发育"，检索时间为 1960 年 1 月 1 日至 2024 年 4 月 18 日，共检索出 46 篇期刊论文，包含 36 篇学术论文、8 篇学位论文、成果 2 篇，近 20 年饲用燕麦相关研究发文趋势如图 20 所示。从图 20 中可以看出 2018 年之后饲用燕麦的相关研究发文数量增加很快，表明近年来饲用燕麦的研究得到了越来越多的关注。

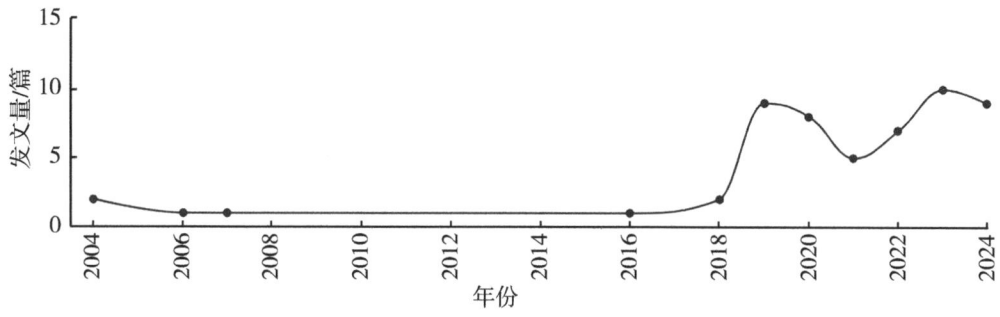

图 20　饲用燕麦相关研究 2004—2024 年发文趋势

同样，为统计分析饲用小黑麦相关研究进展，利用 CNKI 中文数据库为数据源，检索式＝"饲用小黑麦"＋"饲用小黑麦栽培"＋"饲用小黑麦育种"＋"饲用小黑麦加工"＋"饲用小黑麦利用"＋"饲用小黑麦种质资源"＋"饲用小黑麦种植"＋"饲用小黑麦生长发育"，检索时间为 1964 年 1 月 1 日至 2024 年 4 月 18 日，共检索出 146 篇期刊论文，包含 119 篇学术论文、7 篇学位论文、会议 7 篇、报纸 1 篇、成果 9 篇。近 20 年饲用小黑麦相关研究发文趋势如图 21 所示。从图 21 中可以看出 2016 年之后饲

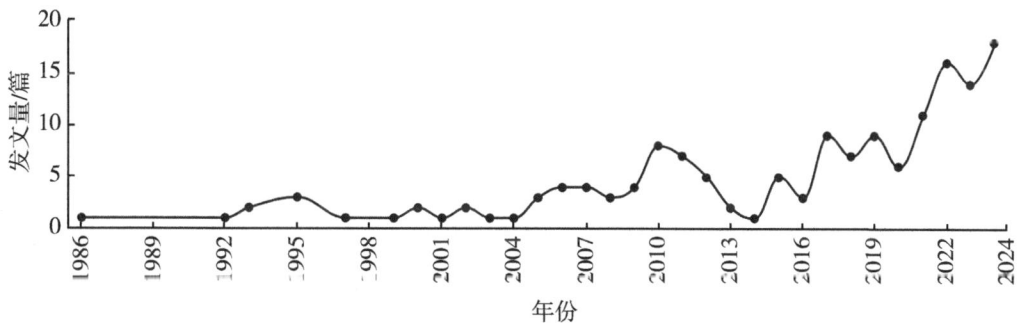

图 21　饲用小黑麦相关研究 2004—2024 年发文趋势

用小黑麦的相关研究发文数量增加速度快，表明近年来饲用小黑麦的研究得到了越来越多的关注。

（二）饲用燕麦和饲用小黑麦生物学与育种研究

我国燕麦的育种历史，从 20 世 50 年代至今经历了农家种筛选、系统选育、品种间杂交、远缘杂交 4 个主要阶段。目前，我国饲用燕麦育种工作取得了一定成果。2002—2021 年，经全国草品种审定委员会（全国牧草品种审定委员会）审定登记的饲用燕麦品种 15 个，其中育成品种 3 个、引进品种 11 个、地方品种 1 个。饲用燕麦是青海、甘肃、内蒙古、新疆等地区家畜的主要饲料，因此，青藏高原、内蒙古和新疆地区是我国饲用燕麦的主要种植地区，饲用燕麦的育种也主要集中在以上地区。我国在饲用燕麦育种上已经取得一定进展，提高了饲用燕麦的育种水平，并加强了生理、生化和遗传基础理论的研究，但与发达国家相比，我国饲用燕麦的总体育种水平还比较低，特别是在育成品种的质量、育种手段、育种理论与技术应用等方面具有较大的差距。山西在饲用燕麦育种方面相对落后，至今还未育成饲用燕麦品种。

中国饲用小黑麦育种开始于 1957 年前后，鲍文奎先生用小麦"中麦春"与黑麦杂交，杂种 F_1 经人工加倍后，国内首次合成了八倍体小黑麦。然后以中麦春为桥梁亲本与黑麦杂交得到了多个八倍体初级小黑麦。以此为基础开展了小黑麦的遗传改良工作。国内的六倍小黑麦是孙元枢先生从加拿大引进，通过六/八杂交，育成一系列六倍体小黑麦材料。通过国家级、省级审定的小黑麦品种有晋饲草 1 号、冀饲 1 号、冀饲 2 号、冀饲 3 号、冀饲 4 号、冀饲 5 号、甘农 1 号、甘农 2 号、石大 1 号、神农 1 号、小黑麦 1 号、小黑麦 2 号、小黑麦 3 号、中拉 1 号、中新 1881、内小黑麦 1 号、北联 3 号、劲松 1 号、劲松 5 号、黔中 1 号、北联 4 号、北联 5 号、北联 6 号、中秦 1 号、中秦 2 号、中新 830、中饲 1890、北联 7 号、北联 8 号、北联 9 号、北联 10 号、劲松 49 号、黔中 3 号、黔中 5 号、新小黑麦 1 号、中饲 237、黔中 2 号、黔中 6 号小黑麦等。2015 年山西饲用小黑麦品种晋饲草 1 号被山西省农作物品种审定委员会审定通过，2022 年神农饲草 1 号被山西省非主要作物品种审定委员会审定通过。目前，晋饲草 1 号为全国种植面积最大的饲用小黑麦品种，种植面积超过全国种植面积的一半。

（三）饲用燕麦草和饲用小黑麦利用研究

1. 饲用燕麦利用研究进展

（1）燕麦籽粒。燕麦籽粒营养丰富，具有大量易消化和高热量养分，其蛋白质、脂肪、维生素、矿物元素以及纤维素含量均高于小麦、玉米、水稻等粮食作物。籽粒粗蛋白含量可达 12%~18%，脂肪含量达到 4%~6%，含有 18 种氨基酸，赖氨酸含量是小麦、大米、玉米的 2 倍以上，可消化纤维含量为 11%~18%，是各类家畜良好的精饲料。研究表明，饲喂燕麦籽实能提高奶牛乳脂率，增加母鸡蛋重和蛋黄颜色。

（2）饲用燕麦干草。燕麦草茎叶中蛋白质、脂肪、可消化纤维等含量高于其他作物，而难以消化的粗纤维含量较少。青刈燕麦草茎秆柔软、叶片肥厚、细嫩多汁、富含营养,是奶牛等家畜的优质青饲料或青贮料,收获籽实后的干草又是家畜的优良粗饲料。晾晒后的燕麦青干草同样适口性好,养分含量高。马晓刚等研究表明,燕麦干草中粗蛋白含量为 8.06%~11.32%,粗脂肪含量为 2.72%~4.34%,无氮浸出物含量为 41.55%~55.93%。饲用燕麦干草中过瘤胃蛋白所占的比例很高,使得更多的蛋白质能够在小肠中被消化吸收;此外,饲用燕麦干草含有较多的水溶性碳水化合物,一般在 15%以上,可以供给家畜充足的能量;饲用燕麦干草的中性洗涤纤维(neutral detergent fiber,NDF)消化率较高,一般不低于 45%,优质饲用燕麦干草则高达 55%,对奶牛有益。研究表明,NDF 降解率每提高 1 个单位,其 4%标准乳产量增加 0.25 千克。另外,饲用燕麦干草中钾的含量平均低于 2%,能防止奶牛发生产后瘫痪,因此较苜蓿干草更适于饲喂围产前期奶牛。燕麦草在营养成分和消化率方面要优于羊草,王亮亮等研究发现,饲喂燕麦青干草的奶牛产奶量显著增加,干物质含量、乳脂率和乳蛋白率高于对照组(东北羊草)。此外,给 3 周龄犊牛补饲燕麦草也有助于提高其生长速度,缓解断奶应激。用作饲草的燕麦秸秆(黄秆)营养成分含量也较高,粗蛋白含量为 5%,粗脂肪含量为 2%,可消化纤维含量为 11%~18%,无氮浸出物含量为 44%。

(3)饲用燕麦青贮。饲用燕麦青贮可以最大限度地保持其原有青绿特性,提高营养价值。饲用燕麦青贮较燕麦干草粗蛋白和粗纤维含量有所增加,且饲用燕麦青贮的粗蛋白消化率高于玉米青贮。研究表明,饲用燕麦裹包青贮加工后可提高幼龄绵羊的采食量、日增重和饲料转化率。谢小峰等研究表明,以饲用燕麦青贮替代全株玉米青贮饲喂奶牛能够提高其产奶量和经济效益。

(4)饲用燕麦与豆科牧草混播。将饲用燕麦与豆科牧草混播能够提高牧草产量和品质,获得优质的青干草或青贮饲料。研究表明,用饲用燕麦、野豌豆混播型青贮和玉米青贮分别饲喂奶牛,对奶牛的生产性能无显著影响,但混播青贮饲喂成本低于玉米青贮。曾植虎研究表明,混播青贮能显著增加肉羊体重和日增重。

2. 饲用小黑麦利用研究进展

1)饲用小黑麦在反刍动物中的利用

近年来,饲用小黑麦常应用于牛生产中,但缺乏系统的研究和评价。杨宏波等研究结果表明,添加小黑麦草粉且粗料比例高的全价颗粒饲料,能促进断奶犊牛胃肠道的发育,且保持屠宰性能。佟桂芝等研究表明,添加 25%的小黑麦籽实饲料,能够使奶牛的日增重、泌乳量及乳脂率略升高,可每天节约饲料成本 0.17 元。以上研究表明小黑麦在牛生产中应用可以促进牛瘤胃发育而且能够提高日增重等生长性能。张文娟等利用小黑麦干草替代羊草饲喂高产奶牛,可极显著提高产奶量。Harper 等在奶牛饲粮中添加小黑麦青贮,奶牛的二氧化碳排放量下降。当牛奶产量约为 42 千克/天时,小麦青贮饲料和小黑麦青贮饲料部分替代玉米青贮饲料,不会影响采食量。Gorelik 等在奶牛饲粮中添加 3.7 千克小黑麦谷物籽实提高血清中甘油三酯含量,提高了单次泌乳量,同时乳脂和乳蛋白含量也有所提高,说明小黑麦对脂肪合成有促进作用,在奶牛生产中能够提高乳脂和乳蛋白的含量,提高奶品质。除了提高生长性能以外,还有报道使用小黑麦干草替代燕麦草,可以显著降低母牛在围产期患胎衣不下、子宫炎、乳房炎的风险,还可以提高其干物质采食量。

关于小黑麦在羊生产上的应用主要在干草和青贮饲喂绵羊上。张婵娟等研究表明，在绵羊饲粮中添加40%的小黑麦干草显著降低采食量，影响羔羊发育。添加25%的小黑麦干草可以使食入氮和可消化氮含量升高，为最适添加量。同样，刘洁等在绵羊饲粮中添加32%的小黑麦青贮，其食入氮和氮沉积都高于全株玉米青贮。这说明添加小黑麦干草可以提高氮的利用效率，促进营养物质消化。张玉洁等研究表明，在绵羊饲粮中添加10%的小黑麦干草能够显著提高反刍周期、反刍时间等。对于小黑麦在绵羊中最适添加量的报道结果并不完全一致，但都不超过40%，可能是小黑麦中的纤维含量过高影响绵羊的采食。苏蕊等在饲粮中添加20%的小黑麦干酒糟时，能够提高普雷沃氏菌的比例。在瘤胃当中，普雷沃氏菌能够参与降解及利用碳水化合物或蛋白质，提高反刍动物对饲料的利用效率。在小黑麦利用过程中，麦芒对适口性的影响很容易被忽视，研究表明无芒小黑麦相比于有芒小黑麦适口性更好，可以显著提高采食量。这说明添加青贮添加剂进行发酵处理以及改变小黑麦物理特性都能够提高羊对小黑麦的采食。总体来看，目前在反刍动物上的研究还主要集中在表型指标上，未对动物的消化率、肉品质、瘤胃发酵特性以及奶品质等性状进行评价。

2）饲用小黑麦在猪日粮中的应用

小黑麦在猪生产中的应用是因为其籽粒中含有高水平的蛋白质（比小麦多2%~3%，比黑麦多4%），且氨基酸组成较好，赖氨酸含量高。小黑麦籽实含有10%~28%的粗蛋白、3.8%的赖氨酸、2%~4%的脂肪，因此小黑麦籽实在猪生产中具有较好的应用前景。育肥猪的饲养试验表明，在氨基酸平衡饲粮中添加小黑麦籽实可以达到与小麦或玉米相似的生长性能，其氨基酸和淀粉的消化率高于大麦。Sullivan等在育肥猪的饲粮中添加小黑麦籽实，可以替代部分豆粕作为蛋白质来源，降低饲料成本。但当替换量达到80%时，会降低日增重与饲料转化率。原因可能是因为小黑麦籽实的适口性和味道较豆粕要差。罗新义等用小黑麦代替玉米作为断奶仔猪饲粮，当替换量达到60%时会降低断奶仔猪的日增重。但是在饲粮赖氨酸含量相同的基础上，小黑麦的粗蛋白消化率要高于玉米。吴景海等用小黑麦麦麸饲喂育肥猪，可以提高日增重，降低饲料成本。上述试验证明，在猪饲粮中添加小黑麦可以替代部分蛋白质饲料和能量饲料，但替换的量有一定限制。这可能是由于小黑麦中的抗营养因子成分影响了它的利用效果。

3）饲用小黑麦在家禽日粮中的应用

小黑麦在家禽饲粮中的应用相对较少。Hermes等研究表明，在不降低肉鸡生长性能的情况下，小黑麦的最适添加量为15%。当小黑麦添加量超过30%时会降低蛋黄颜色。小黑麦中缺乏维持蛋黄颜色的营养物质，如果在蛋鸡饲粮中应用小黑麦需在饲粮中补充黄色和红色类胡萝卜素来保证鸡蛋品质。在家禽生产中，营养物质的消化率尤为重要。Zuber等研究表明，在蛋鸡生产中添加小黑麦籽粒，氨基酸消化率总体上较高，但对各组分氨基酸消化率未进行检测。Moeez等研究表明，饲喂小黑麦全谷物可提高日本鹌鹑的干物质消化率，但会对平均日采食量、产蛋量和营养消化率造成负面影响，对于为何会降低采食量和产蛋量未见后续报道。

肠道是家禽最大的消化器官之一，家禽肠道健康也是评判机体健康状态的重要指标之一。家禽肠道的形态学结构和代谢物浓度与家禽的年龄、体型以及饲料类型都有密切的关系。丁酸梭菌是改善肠道健康与消化功能的标志性物质，其代谢产物主要为丁酸。全粒小黑麦显著降低了盲肠中乙酸的浓度，增加了丁酸的浓度。这说明小黑麦有改善家禽肠道健康的作用。除此之外，肠道的发育情况直接反映家禽的生长能力。在鹌鹑饲粮中添加小黑麦显著降低了血清甘油三酯和极低密度脂蛋白含量，并显著增加了大肠相对重量、绒毛高度、隐窝深度、绒毛表面积。这说明小黑麦饲粮能够促进鹌鹑的肠道发育。综上所述，在家禽生产中应用小黑麦，首先应注意小黑麦的抗营养因子的影响，其次在蛋鸡生产中应及时补充类胡萝卜素等，避免影响蛋品质。

（四）饲用燕麦和饲用小黑麦产业科技发展面临的问题与挑战

1. 饲用燕麦和饲用小黑麦品种与产业需求不匹配

目前，我国种植的饲用燕麦品种主要以粮饲兼用品种为主，饲草专用燕麦品种少而且单一，审定的饲草专用燕麦品种只有 11 个，并且主要集中在河北坝上和陕甘地区。在燕麦育种方面，我国高效育种技术单一、方法陈旧、效率低。虽然分子标记已经广泛应用于遗传图谱构建、新基因的发现和植物育种，但在燕麦上这一领域研究甚少。饲草用燕麦的抗寒、抗旱、抗盐碱、抗瘠薄、抗病虫害等领域的研究尚处在起步阶段。优质高产饲草燕麦品种仍比较缺乏。如何选育抗逆、高产、优质燕麦品种，对促进草牧业发展，实现农牧民增产增收具有重要实践意义。为解决我国饲草燕麦育种面临的"育种技术单一、方法陈旧、优良品种少"等问题，应围绕燕麦育种核心环节进行技术创新研究。将分子和基因编辑技术手段应用到饲草燕麦育种中，利用我国优异的燕麦种质资源，选育适宜不同区域种植条件的优质、高产和抗逆的饲草专用燕麦品种，制定不同品种适宜种植区域和栽培管理技术体系，并加以推广。

饲用小黑麦近几年培育了一些品种，但在种子繁育方面技术相对落后，尤其是市场化推广企业缺乏，限制了品种的繁育和推广。目前，能实现万亩以上种植面积的饲用小黑麦品种不足 5 个。另外，春播饲用小黑麦品种缺乏，对相对寒冷区域冬闲田还不能有效利用。饲用小黑麦具有很强的杂种优势，不同品种的种植区域有一定的限制，导致同一品种在不同区域产量差异较大，影响了饲用小黑麦的推广。

2. 饲用燕麦和饲用小黑麦科技创新与产业需求存在脱节

在饲用燕麦和饲用小黑麦种植上，尽管开展了饲草生产的灌溉、施肥和密度栽培试验以及复种和混播试验，但科技创新还存在较大不足，尚未形成高产、优质、高效人工草地栽培技术体系和模式以及推广种植制度。

山西饲用燕麦和饲用小黑麦生产力水平还较低，尚不到国内先进水平的 80%。亟待解决的关键问题，一是对人工草地类型或种植区域选择不当，或对牧草品种抗逆（如盐碱、低温、干旱、养分贫瘠等限制因子）特性及潜力挖掘利用不够，对优质牧草生长发育特性和规律缺乏系统的了解和认知，具体表现为品种搭配不科学、种植密度和群体结构不合理等，制约着优质高产高效燕麦草和饲用小黑麦人工草地的发展；二是对人工草地生产力形成机理缺乏系统探究，生产力提升调控途径研究思路不清，不知如何对人工草地实施合理灌溉与平衡施肥，限制了人工草地生产力的提高；三是机械化收获和加工技术方面相对落后。农业机械在地域分布上极不平衡，在川区和农牧区饲草农机分布数量较多，而在北部山区的燕麦草收割机、打捆机数量不足。在收获时节，需要调配农业机械，增加了经济和时间成本。错过最佳收割时间后，燕麦草营养物质流失严重，甚至出现霉变、腐烂的现象，严重影响饲草销售。饲草加工技术落后导致饲草品质不稳定，受种植环境、技术、机械等因素影响较大，缺乏与市场对应的品质评价标准，导致饲草销售难以以质定价。

3. 饲用燕麦和饲用小黑麦产业科技发展与政策协调性不足

种植收入的高低会对农户种植饲草产生极大的影响。现有补贴政策仅有地力保护补贴、种植补贴、农机购置补贴，对于购买种子、化肥和地膜等农资缺乏相应的补贴政策。由于2022年同等级化肥价格每袋增长近60元，种子花费是2021年的1.5倍，地膜等农资也有不同程度上涨，整体成本上升将近1 500元/公顷，农户收入下降。政府需要加大专项资金投入力度，增加补贴内容，提高补贴金额，降低农户支出。在饲用燕麦和饲用小黑麦技术研发中用于技术研发的科研经费相对较少，饲草补贴费用主要用于饲草的推广，在科研项目立项和饲草产品加工研发方面相对较少，限制了饲用燕麦和饲用小黑麦技术推广和研发。

三、结语

饲用燕麦和饲用小黑麦产业发展空间巨大，将在学习借鉴国内外成功的生产销售经验过程中迎来快速发展的时期。随着牧场和牧草种植户认识到饲用燕麦和饲用小黑麦种植与饲喂的益处后，广大农牧民种植的积极性将被带动起来，使饲用燕麦和饲用小黑麦生产区域和种植面积不断扩大；同时，播种、收割、晾晒以及打捆等一系列配套机械设施也将逐步完善，从而推动产业化生产；此外，科研院校的研究将更加深入，适宜不同区域种植的优质、高产饲用燕麦和饲用小黑麦品种将得到开发与推广；我国也将逐步健全和完善饲用燕麦和饲用小黑麦质量监督评价标准，为优质安全草产品生产提供保障，为饲用燕麦和饲用小黑麦国产化、商品化以及国家化打下基础。

（高文俊、许庆方、尹燕亭、侯向阳，山西农业大学草业学院/农业农村部饲草高效生产模式创新重点实验室；杨子森、侯东来，山西省畜牧技术推广服务中心）

中国旱作草业技术发展报告
——与旱作农业的比较

2015年以后,"三农"问题成为社会发展过程中的"拦路虎",备受大家关注。2017年党的十九大提出,要实施乡村振兴战略,坚持农业农村优先发展。2019年题为《中共中央 国务院关于坚持农业农村优先发展做好"三农"工作的若干意见》的文件指出,要加强优质奶源基地建设,合理调整粮经饲结构,发展青贮玉米、苜蓿等优质饲草料生产,加快选育和推广优质草种;统筹推进山水林田湖草系统治理,扩大退耕还林还草,稳步实施退牧还草等。2020年郭艳玲代表在十三届全国人大三次会议上提出关于助推旱作高效简约农牧业的建议。

近年来在全球变暖情况下,干旱事件频发、持续时间长、影响范围广,是导致灾害最为严重的极端气候事件之一,已经对世界农业生产、水资源利用、生态环境状况和人类活动等产生了深远的影响,而且预测到未来干旱带干旱频次、干旱历时和干旱烈度均呈现增加趋势。

我国国土辽阔,干旱半干旱地区面积覆盖比较广,占据了我国大部分面积,是我国生态保护屏障的重要部分,但是自然条件差,对环境的承载能力差,经济发展缓慢。习近平总书记2017年视察山西时重要讲话也提到有机旱作是山西农业的一大传统技术特色,山西少雨缺水,要保护生态、节水发展,要坚持走有机旱作农业的路子,完善有机旱作农业技术体系,使有机旱作农业成为我国现代农业的重要品牌。

旱作农业是指无灌溉条件的半干旱和半湿润偏旱地区,主要依靠天然降水从事农业生产的一种雨养农业。在全球,旱作农业占比是81%,而在中国,这一占比是49%。在中国,旱作农业的发展已经取得了显著的成效,针对各地情况,我国已经形成了华北山地丘陵区、东北风沙半干旱区、华北地区、西北旱源半干旱区和内蒙古旱作区5种旱地农业区域发展模式。此外,随着保护性农业在国内的提出和兴起,保护性耕作也逐渐发展起来。我国从20世纪70年代开始大规模引进、试验、示范、推广以少耕、免耕为主体的保护性耕作技术;从20世纪90年代,我国学者就开始探索旱作农田保护性耕作增产的效益分析研究。在全球范围内,旱作农业同样得到了广泛关注和发展。各国根据自己的地理、气候和土壤条件,发展了各种不同的旱作农业技术和模式,以提高农业生产效率和适应气候变化的挑战。

旱作草业是一种在干旱地区发展的农业模式,它主要依赖于天然降水进行生产活动。这种农业生产方式对于维护生态平衡和保障粮食安全具有重要的意义。有研究表明,通过草田轮作,种植豆科牧草可以在一个周期内(3~5年)使土壤有机质含量提高20%，固氮增加100~150千克/公顷，化肥用量减少1/3以上，节水10%~15%，并减少水土流失70%以上，从而有效提高粮食产量10%~18%。此外，在盐碱地和滩涂上种植耐盐碱饲草品种不仅增加了饲草供应，还有助于改良土质。为了促进饲料粮的减量，增加饲草供应并减少牛羊等家畜的精饲料消耗是一个关键途径。据统计，1980—2018年，我国牛羊肉的总产量增长了14.7倍，从71.4万吨/年增加至1 119万吨/年。这种快速增长对饲料粮的需求也带来了压力。为了确保国家的粮食安全，我国已经将优质草产业与"生态优先，绿色发展"的战略相结合。同时，引草入田、藏粮于草的策略也为国家粮食安全提供了有力保障。

由于土地和水资源的制约，山西等地特别重视旱作农业及草业的发展，山西全省草地面积占国土面积的40%左右，而雁门关地区草地面积占全省草地面积的38.6%。因为山西山多沟深平地少，土地资源和水资源紧缺，这样的地理环境特点也决定了其发展旱作农业、旱作生态草业的必要性。我国政府也高度重视草业的发展，2015年中央一号文件特别强调了"加快发展草业"，这为经济新常态下的草业和草食畜牧业迈入新阶段提供了强有力的刺激和鼓舞。

旱地发展农业和草业不仅是保障国家粮食安全的重要手段，也是维护生态环境、应对气候变化、促进乡村振兴和实现可持续发展的关键措施。因此，加强科技创新，推动旱地农业和草业的发展，对于我国的长远发展具有重要的战略意义。2017年以来，经过5年的建设和发展，我国在有机旱作农业上取得了丰硕的成果，但是旱作草业的发展仍旧比较缓慢。本文将聚焦国内研究，对国内旱作农业标准/规程、专利、相关文献进行分析解读，同时对比分析我国旱作草业在相关内容上的发展现状及存在的问题。

一、研究方法与数据来源及筛选

研究涉及的标准/规程信息数据来源于全国标准信息公共服务平台中现行标准/规程（https：//std. samr. gov. cn/，检索时间为2022年8月），检索、筛选后，2000—2021年共有2 374项标准/规程，同一个标准/规程涉及多方面的算作多个标准/规程，用于分析作图的为2 406项标准/规程。

研究涉及的专利信息数据来源于企知道专利数据库（https：//patents. qizhidao. com/，检索时间为2022年8月），检索到4 140件。数据内容时间为2001年开始至检索时间为止，输入"旱"进行搜索，确保获得所有关于旱作的内容，去除与农业大类不相关的内容，得到需要进一步分析的内容信息。检索到的专利有关农业大类的信息包括发明申请、发明授权和实用新型专利，本文只针对发明授权专利进行了分析与比较，用于趋势分析的专利信息为2001—2021年的575件，用于占比分析的专利信息为2001—2022年的625件。

涉及的相关文献信息数据来源于中国知网（检索时间为2022年9月），高级检索中时间范围为2001年开始至检索时间为止，搜索时使用"篇关摘"搜索单字"旱"，确保获得所有关于旱作的内容，去除与农业大类不相关的内容，得到需要进一步分析的内容信息。本文有关农业大类的相关文献在筛选过程中去除了综述类、林木类、园林类、河流湖泊流域和湿地研究、遥感分析、基础研究以及南方地区的相关研究（包括水稻、水旱轮作等）等。用于分析趋势的文献为2001—2021年的10 755篇，用于占比分析的专利信息为2001—2022年的10 962条。

二、我国旱作农业与旱作草业产出分析

（一）我国旱作农业与旱作草业标准/规程产出分析

从检索到公布的旱作技术标准/规程年度数量看，2001年以来，旱作技术标准/规程年度数量整体呈指数增长的趋势，特别是自2013年开始，这一数量大幅度增长，2021年达到500余项（图22）。

旱作农业和旱作草业技术标准/规程年际变化趋势看（图22），与旱作农业技术标准/规程的大幅增长趋势相比，旱作草业技术标准/规程近年来虽有增加，但数量依旧很少、增长趋势也不明显。

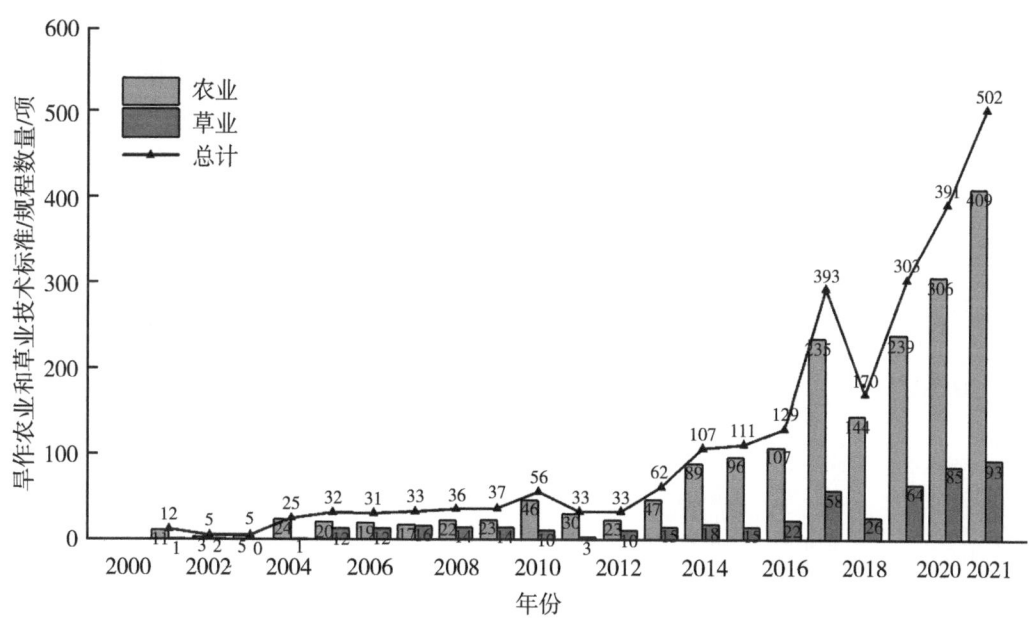

图22 旱作农业和草业技术标准/规程年度数量和年际变化趋势

将检索到公布的旱作技术标准/规程分为品种筛选和选育技术规程、播种方式与种子处理技术规程、种植制度技术规程（结构/布局/方式）、某一作物旱作栽培技术规程、轻简化技术规程、全生物降解地膜栽培技术规范、施肥技术规程、艺机/水肥一体化技术规程、全程机械化技术规程、病虫害防治技术规程、灌溉与节水技术规程、种子生产技术规程、收获加工利用和贮藏技术规程、生态修复及土壤改良技术规范等。

可以看出，旱作草业技术标准/规程占比较低，仅占20.41%，主要为某一作物旱作栽培技术规程（图23），在很多类别中旱作草业相关规程数量均低于10项。某一作物旱作栽培技术规程类别中，农业相关数量为草业相关数量的10倍。

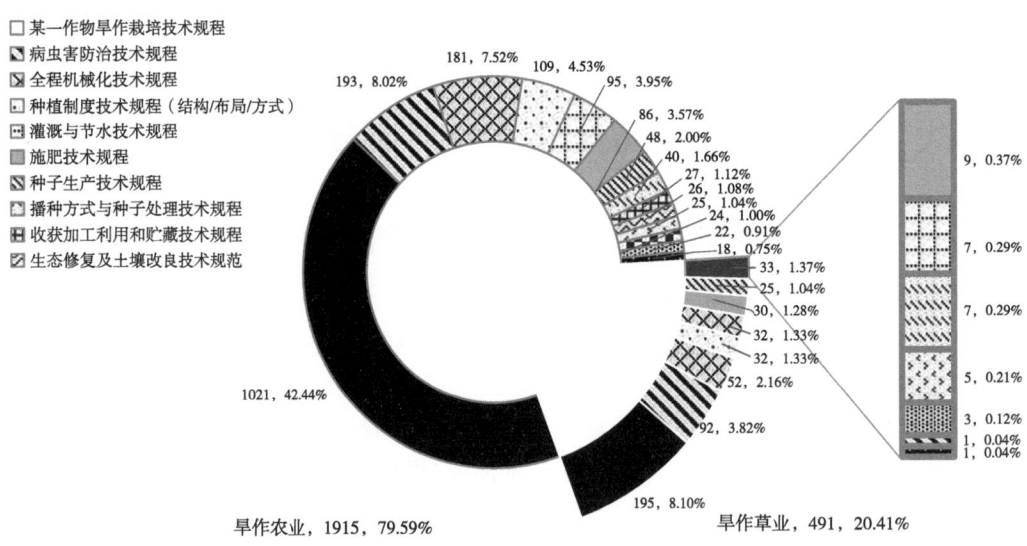

图 23　旱作农业和草业不同种类技术标准/规程数量及占比

2000—2021 年各类技术标准/规程整体上均有不同程度的增加，某一作物旱作栽培技术规程增长幅度最大（图 24），在总量上占 50.54%。轻简化技术规程占比最低为 0.79%，全生物降解地膜栽培技术规范和艺机/水肥一体化技术规程占比分别为 1.04% 和 1.03%，是我国目前研究数量最少的三类技术规程。

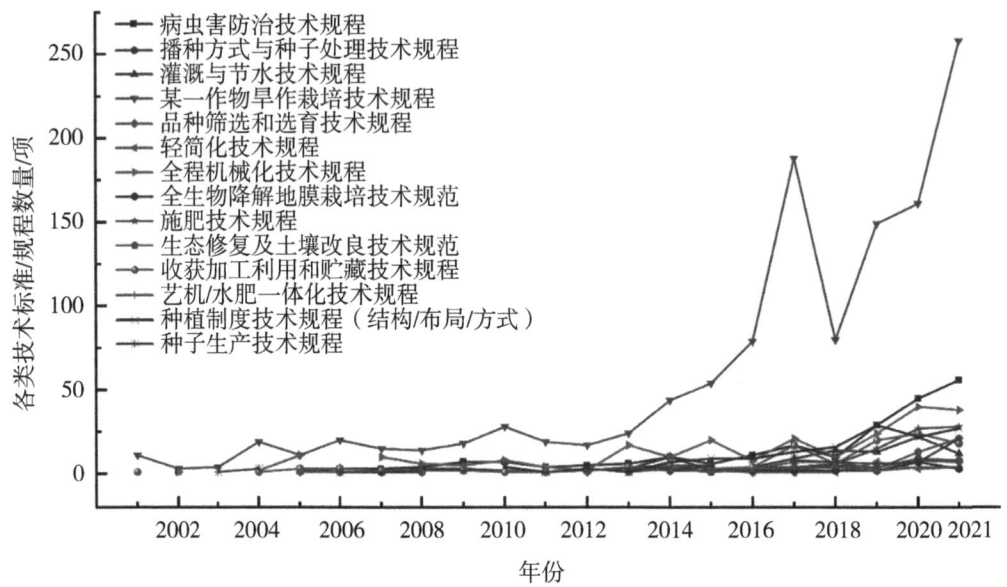

图 24　各类技术标准/规程年际变化趋势

（二）我国旱作农业和旱作草业专利产出分析

从检索到的旱作农业技术发明专利年度数量看（图25），整体呈指数分布，与旱作技术标准/规程类似，也是从2011年开始有大幅度增长，旱作发明授权专利在2015年和2016年有一个高峰期，在2021年时达75件。从旱作农业和草业发明专利年际变化趋势看，二者增长趋势基本一致，在2016年均达到一个小高峰。

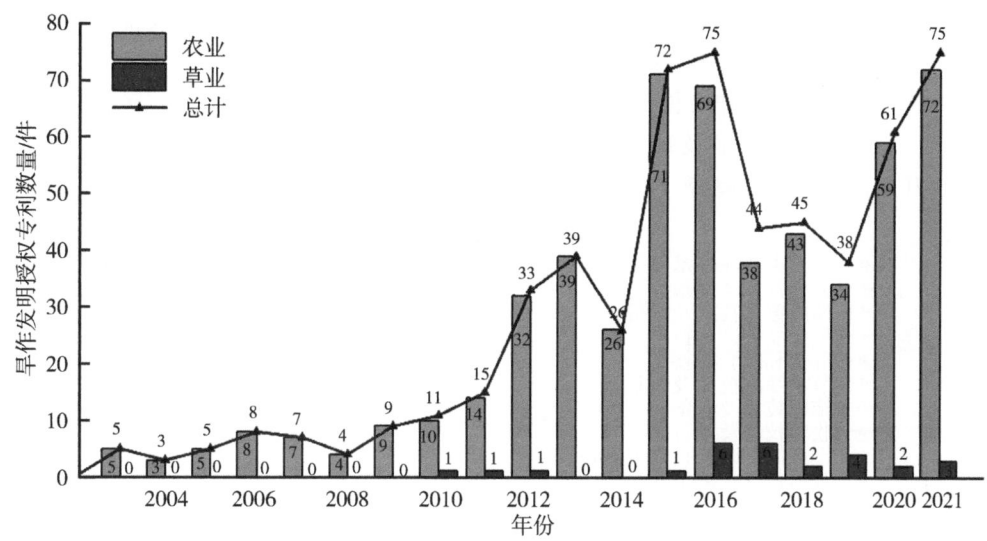

图25 旱作发明授权专利年度数量

将检索到的旱作发明授权专利分为10类之后（旱作品种选育技术、混播和间套种技术、播种技术及装备、地膜覆盖技术及装备、土壤修复改良技术及装备、栽培技术及装备、施肥技术及装备、节水灌溉技术及装备、病虫害防除技术及装备、收获技术及装备），可以看出，关于栽培技术及装备方面的发明专利较多，占比30.56%（图26），近

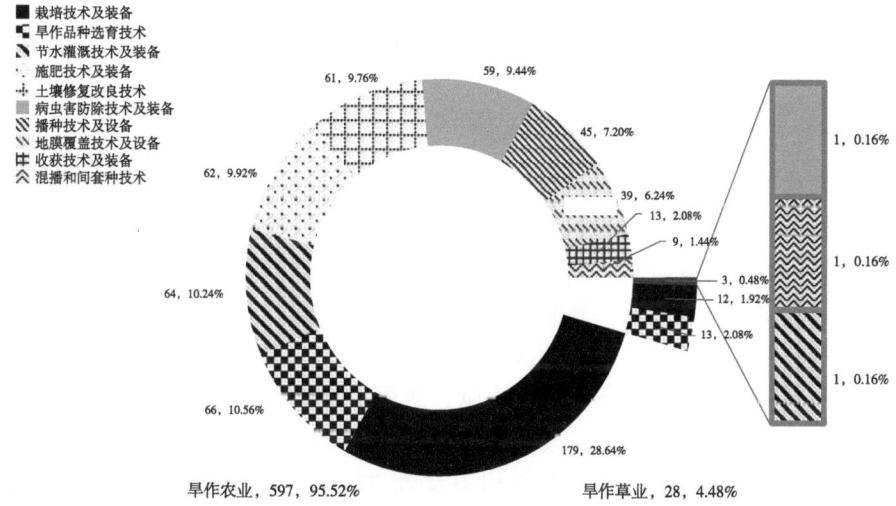

图26 不同旱作技术发明授权专利占比

20 年来增幅最大（图 27）；而混播和间套种技术、收获技术及装备方面的发明专利较少，分别占 1.60%、2.08%（图 26）。

在各类发明授权专利中，旱作草业专利占比都很低，仅占旱作专利总数的 4.48%（图 26）。旱作农业发明授权专利在栽培技术及装备、旱作品种选育和节水灌溉技术装备专利中占比较高，分别占旱作发明授权专利 28.64%、10.56% 和 9.92%（图 26）。栽培技术及装备类别中，旱作农业相关数量为旱作草业相关数量的 15 倍。而且与旱作农业相比，旱作草业播种技术及设备、地膜覆盖技术及设备、施肥技术及装备、收获技术及装备和土壤修复改良技术方面的专利均为 0（图 26）。

2005 年左右关于旱作方面的专利研究主要集中在栽培技术及装备、节水灌溉技术及装备、病虫害防治技术及装备和施肥技术及装备等方面，其他方面的专利研究从 2011 年开始出现增加的趋势（图 27）。

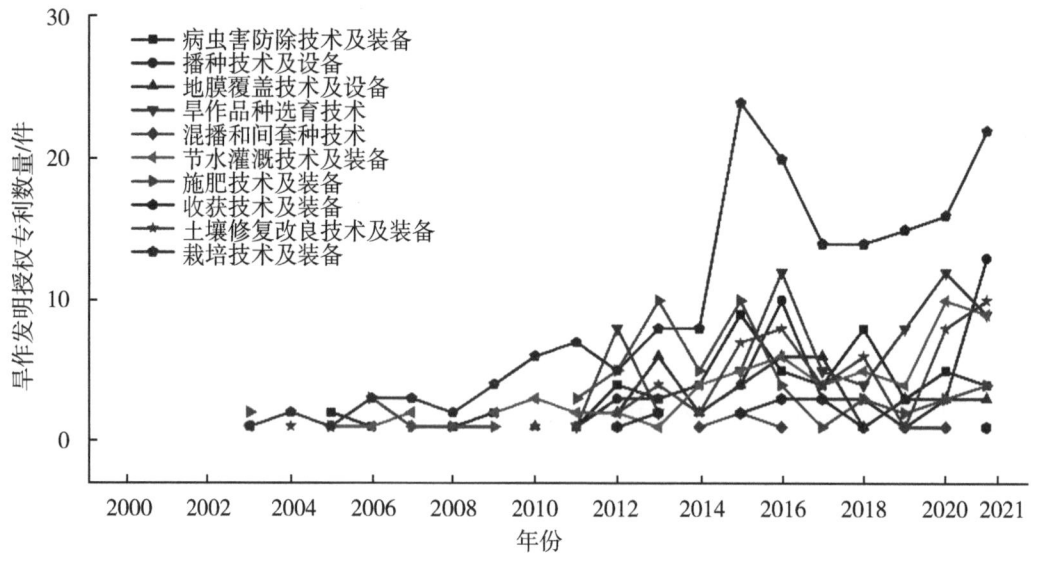

图 27　各类旱作技术发明专利年际变化趋势

（三）我国旱作农业与旱作草业文献产出分析

筛选后共获得 10 819 篇文献，其他技术研究文献 143 篇，参与后续整理和分析的文献共 10 676 篇。将检索筛选后的相关文献分为播种方式和播种量试验、旱作品种筛选和选育试验、不同种植方式试验、地膜及其他材料覆盖试验、土壤修复改良试验、种子处理试验、栽培技术与管理试验、施肥试验、节水灌溉试验、水肥一体化试验、外源物质添加试验、病虫害防除试验、保水剂添加试验、机械化试验等 14 个类别。在分析过程中，将文献包括多个内容的看作是多个文献，故用于分析的文献数量为 10 962 篇。

从检索到的旱作相关文献年度数量看（图 28），整体呈单峰型，2017 年关于旱作的文献研究达到峰值，其中旱作农业相关文献 729 篇，旱作草业相关文献 114 篇。2007—2020 年旱作草业文献数量基本保持不变，2021 年旱作相关文献研究均有一定程度的减少，总数为 262 篇，旱作农业 217 篇，旱作草业 45 篇。

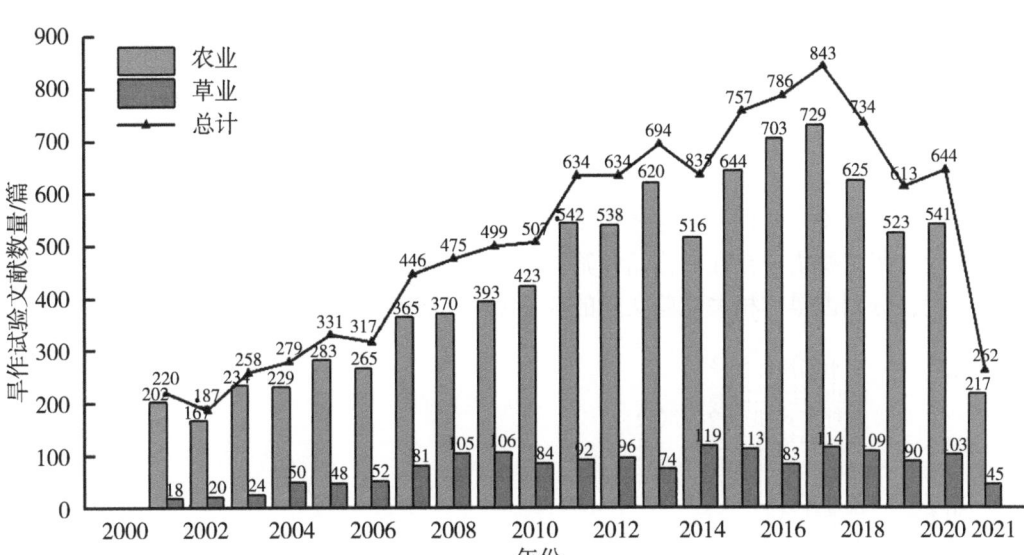

图 28　旱作试验文献年度数量

在 2001—2021 年所有旱作试验文献中，旱作农业试验文献占 84.86%，旱作草业试验文献仅占 15.14%（图 29）。在所有旱作文献中，旱作品种筛选和选育试验、栽培技术与管理试验相关文献占比较多，分别占比 35.70%、27.46%。二者均呈单峰型，2017 年后的文献数量均有下降趋势（图 30）。其他类别的研究近几年发展均较为平稳，没有太大的波动起伏。

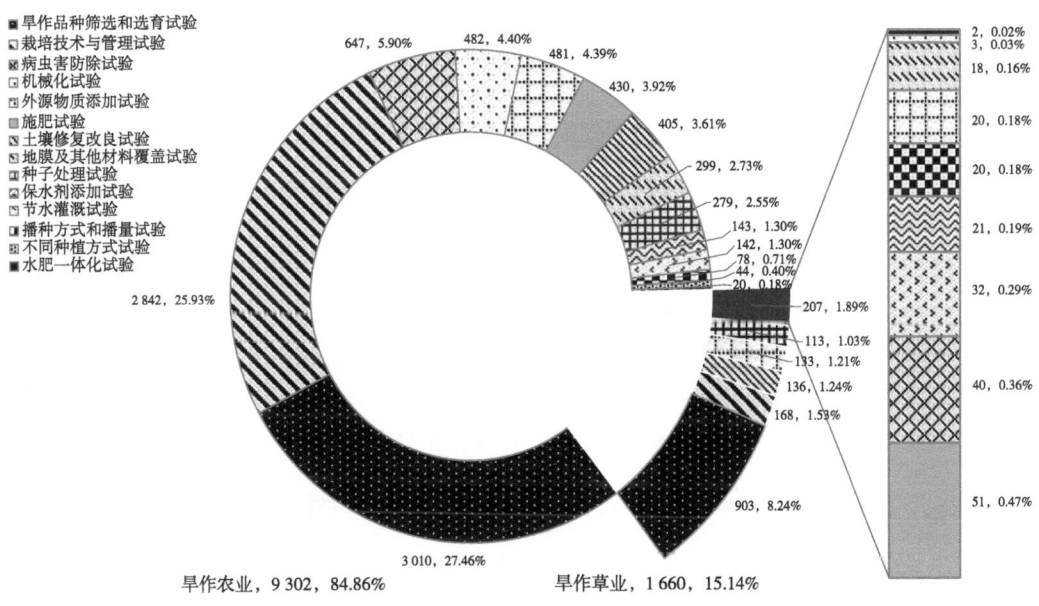

图 29　不同旱作技术试验文献占比

从图 2-8 中可以看出，我国旱作相关的试验研究在水肥一体化试验、不同种植方式试验、播种方式和播量试验等方面不论是草业还是农业研究均有欠缺，分别占总试验文献研究的 0.20%、0.57%、0.89%。虽然机械化试验占比为 4.42%，但几乎均为旱作农业相关的研究，旱作草业方面的研究只有 3 条，占所有试验文献研究的 0.03%。栽培技术与管理试验研究上，旱作农业相关数量为旱作草业相关数量的 17 倍。

旱作农业相关试验文献主要集中在旱作品种筛选和选育试验、栽培技术与管理试验和病虫害防治试验，分别占旱作相关试验文献的 27.46%、25.93 和 5.9%；而旱作农业相关试验文献主要集中在在旱作品种筛选和选育试验、栽培技术与管理试验和土壤修复改良试验，分别占旱作相关试验文献的 8.24%、1.53% 和 1.24%。

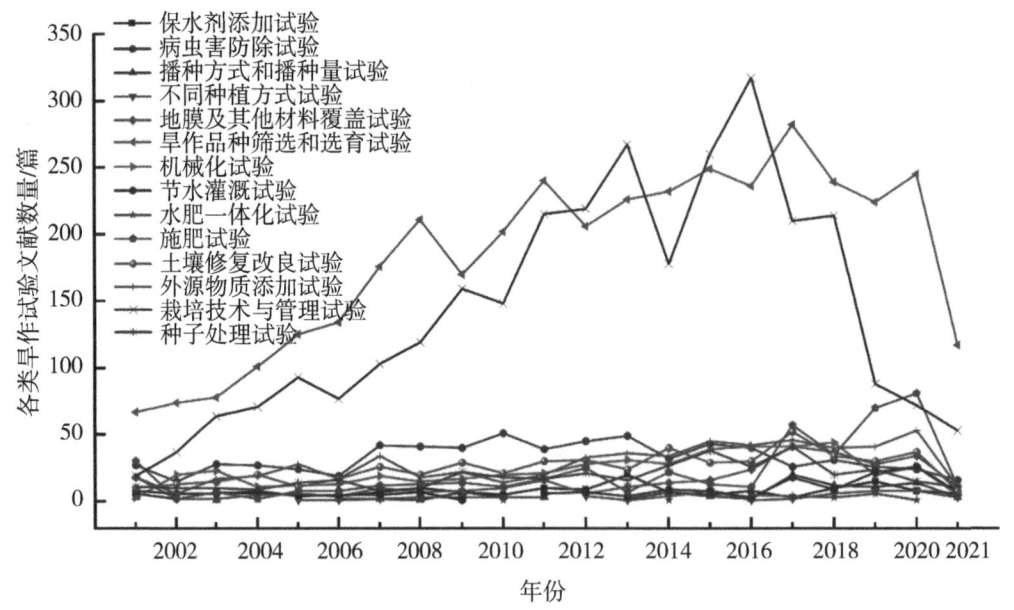

图 30　各类旱作技术试验文献年际变化趋势

2024 年 4 月在 Web of Science 上以关键词"drought"进行文献检索，对检索到的文献同样进行筛选和整理后 2010—2023 年文献共计 473 篇。

从检索到的旱作相关英文文献年度数量看，2021—2023 年整体呈增长的趋势，其中旱作农业相关文献 393 篇，旱作草业相关文献 80 篇（图 31）。

在 2010—2023 年所有旱作试验文献中，旱作农业试验文献占 83.09%，旱作草业试验文献仅占 16.91%（图 32）。在所有旱作英文文献中，外源物质添加试验、施肥试验相关文献占比较多，分别占比 28.54%、17.13%，整体呈增长的趋势（图 33）。

（四）2019—2021 年我国旱作农业与旱作草业产出分析

2019—2021 年旱作农业和旱作草业各类技术标准/规程占比分析发现，旱作农业和旱作草业均主要集中在某一作物旱作栽培技术规程，分别占各自研究领域的 49.37% 和 40.08%（图 34）。但是某一作物旱作栽培技术规程研究数量旱作农业是旱作草业的近 5

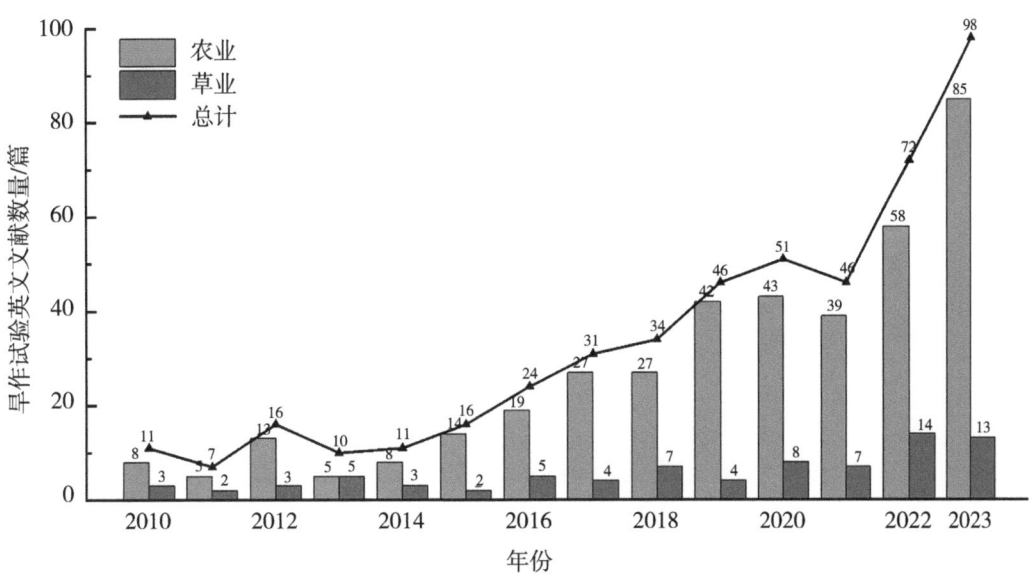

图31　旱作试验英文文献年度数量

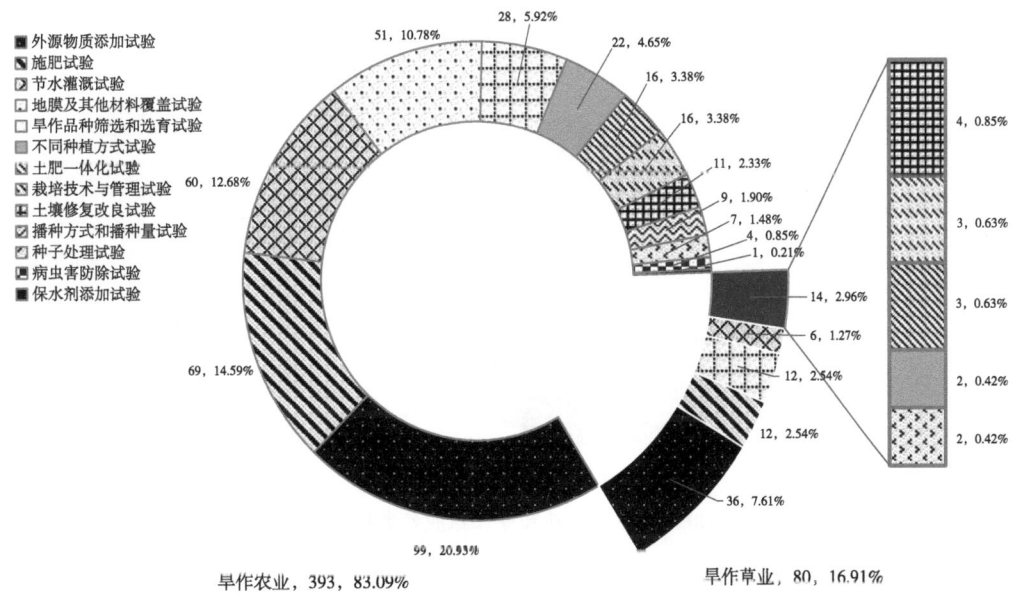

图32　不同旱作技术试验英文文献占比

倍。这三年，除某一作物旱作栽培技术规程，旱作农业主要集中在病虫害防治技术规程和全程机械化技术规程方面，占比分别为12.37%和8.39%；旱作草业主要集中在收获加工利用和贮藏技术规程、生态修复及土壤改良技术规程方面，占比分别为19.83%和8.26%（图34）。

2019—2021年旱作农业和旱作草业各类发明专利占比分析发现，近年旱作农业发

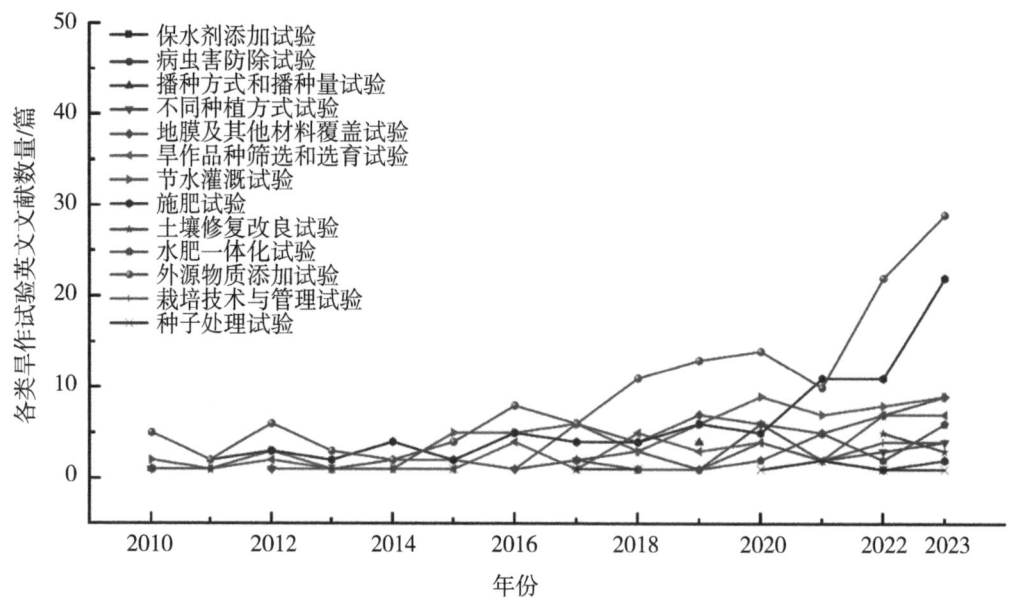

图 33　各类旱作技术试验英文文献年际变化趋势

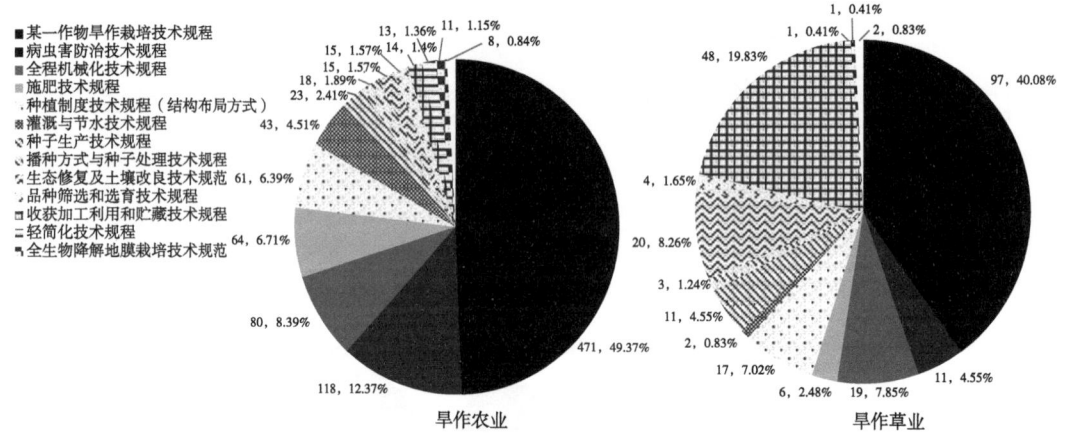

图 34　2019—2021 年旱作农业和旱作草业各类技术标准/规程占比

明专利研究主要集中在栽培技术及装备、旱作品种选育技术、节水灌溉技术及装备、土壤修复改良技术和播种技术及设备等，分别占 2019—2021 年旱作农业发明专利的 30.91%、14.55%、13.94%、11.52% 和 10.3%（图 35）；而旱作草业发明专利较少，研究重点主要集中在旱作品种选育技术和栽培技术及装备上，分别占 2019—2021 年旱作草业发明专利的 55.56% 和 22.22%（图 35）。这三年旱作草业相关发明专利只有 9 件，旱作农业是旱作草业的 26 倍。

2019—2021 年旱作农业和旱作草业各类试验文献占比分析发现，近年旱作农业和旱作草业试验文献研究均主要集中在旱作品种筛选和选育方面，分别占比 37.47% 和

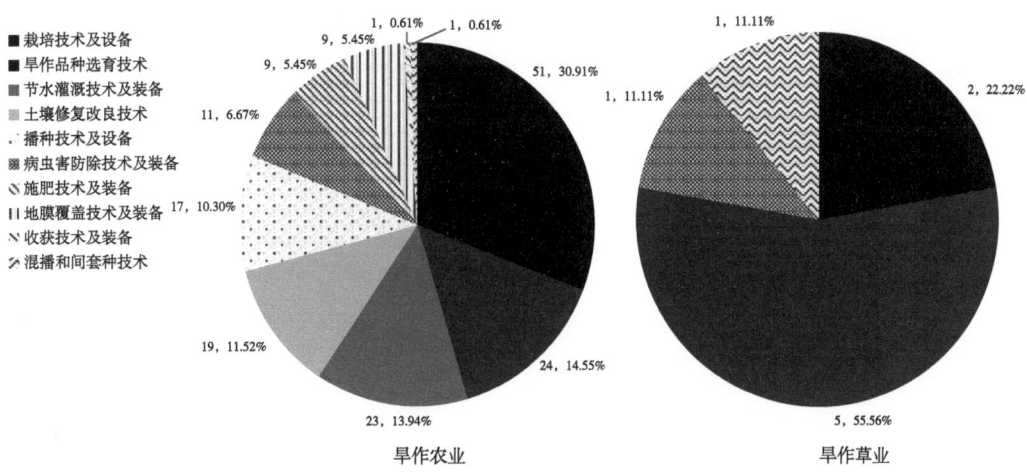

图 35　2019—2021 年旱作农业和旱作草业各类发明专利占比

44.55%，但是旱作农业数量是旱作草业的 4 倍多（图 36）。除此之外，旱作农业相关实验文献主要集中在栽培技术与管理试验和施肥试验，分别占比 15.53% 和 11.48%；而旱作草业试验文献研究主要集中在土壤修复改良试验和外源物质添加试验，分别占比 11.76% 和 10.5%（图 36）。

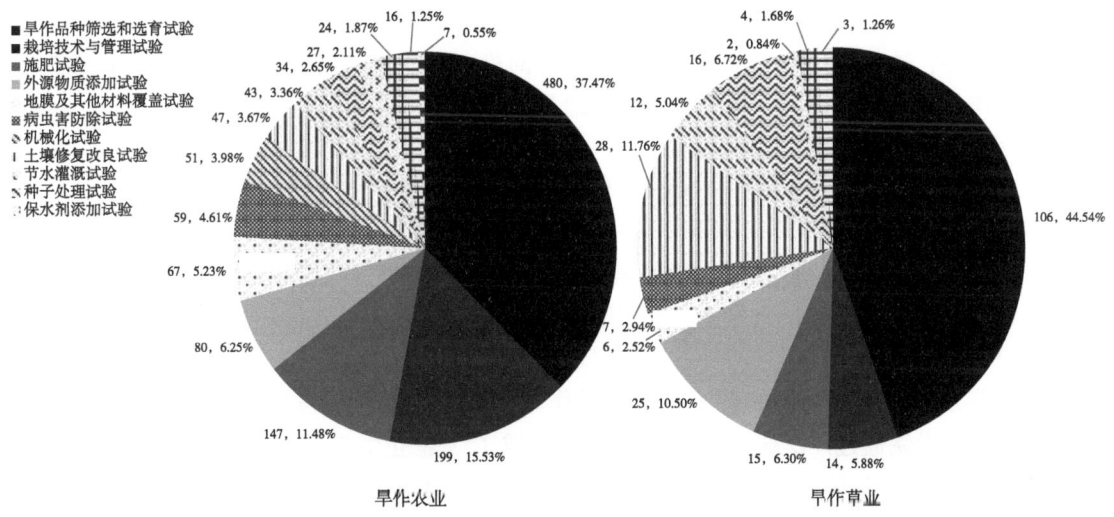

图 36　2019—2021 年旱作农业和旱作草业各类试验文献占比

2019—2021 年旱作农业和旱作草业各类试验英文文献占比分析发现，近年旱作农业和旱作草业试验文献研究均主要集中在不同种植方式试验方面，分别占比 22.58% 和 47.37%，但是旱作农业数量是旱作草业的 3 倍多（图 37）。除此之外，旱作农业相关试验文献主要集中在施肥试验和地膜及其他材料覆盖试验，分别占比 16.94% 和 14.52%；而旱作草业试验文献研究主要集中在旱作品种筛选和选育试验，占比 15.79%（图 37）。

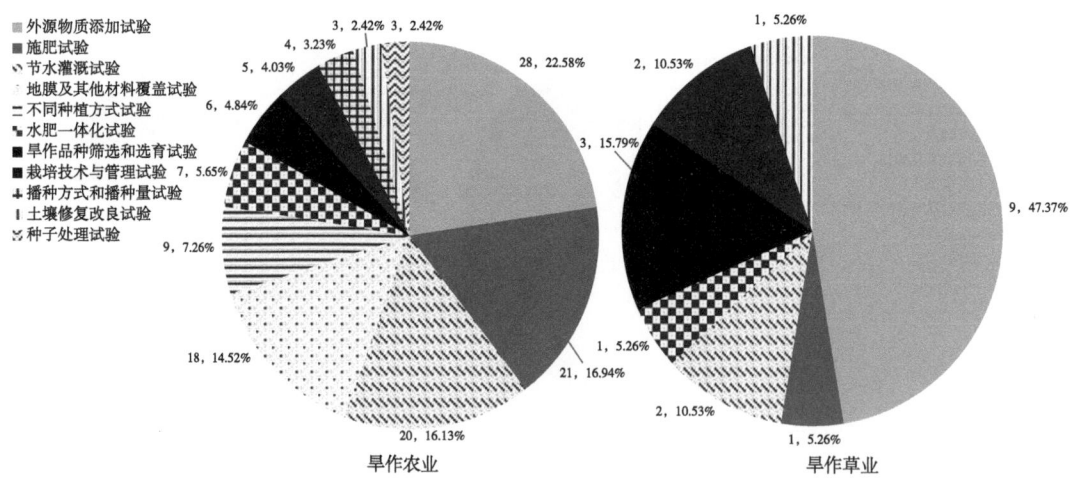

图 37 2019—2021 年旱作农业和旱作草业各类试验英文文献占比

根据以上分析可以看出，旱作草业相关研究虽然有所进展，但是与旱作农业的差距依然较大。2019—2021 年三年研究结果表明，旱作草业与旱作农业的研究重点基本保持一致。但是旱作农业更多的是关注利用其他农艺措施提升作物产量和抗性，旱作草业更加注重可持续发展和生态平衡，在注重饲草种植的同时要改良和恢复土壤状况。

但是旱作相关的中文与英文文献发表重心有区别，中文文献数量在 2017 年开始有下降的趋势，这可能是由于研究学者将重心转向英文文献的发表。而且中文文献中主要注重旱作品种筛选和选育，英文文献更多地是在不同种植方面的研究。

三、我国旱作草业存在的问题及可能原因

从标准/规程、发明专利和试验文献来看，2000 年以来，我国旱作草业整体处于发展的状态，但是与旱作农业相比，发展极为缓慢。

旱作草业与旱作农业是两种不同的农业生产方式，他们在技术标准、发明专利和文献研究等方面均存在一定的差距，中国旱作草业起步晚，整体发展缓慢。2011—2013年，中国科学院通过广泛研讨和深入调研，形成了《建立生态草业特区，探索草原牧区发展新模式》的主题报告，首次提出"草牧业"发展理念。2015 年中央一号文件正式提出"加快发展草业"，为草业的发展带来了新的希望。

在新时代背景下，我国牧草供需矛盾日益突出，我国居民膳食结构的持续升级，优质动物蛋白饲草需求量大增，牧草的需求也随之增加。然而我国牧草的产量低、品质差，我国 75% 以上地区的牲畜冬季缺草，导致牧草干草大量依赖进口。

一些对旱作草业的错误认识影响了其发展，有人认为天然草地只能用来放牧，不放牧就会退化；也有人认为天然草地的生态功能是不重要的；等等。这些错误的观点影响了大家对草业的正确理解和实践，导致大量的草地发生退化，对于如何在逆境中发展旱作草业、保护草原生态安全、合理利用草业发展经济等是我国面临的严

峻问题。

（一）旱作标准/规程

旱作农业相关技术标准/规程前期发展比较缓慢，但是2010年之后农业相关技术标准/规程在数量上有质的飞跃，而旱作草业相关技术标准/规程依旧没有起色。旱作草业现行技术标准/规程主要是整体的旱作栽培技术，轻简化技术、全程机械化技术、全生物降解地膜栽培技术等技术的规程均未涉及。旱作草业相比其他农业形式具有特殊性，有其独特的环境和气候条件，这可能导致相关的技术规程/标准研发相对滞后，而技术规程/标准的滞后又反过来制约了旱作草业的发展。

与旱作农业相比，我国目前没有对牧草种子、收获、加工（包括牧草的干燥及贮藏等）和利用等制定相关的标准，最终导致获得的牧草种子杂质多、牧草中杂草种类多、草产品质量差等问题严重，严重影响草产品的贸易与销售，同时也影响来年牧草品质，降低种子规范生产的效果，影响相关生产技术规程的制定。

旱作牧草主要是针对北方半干旱、寒冷、贫瘠的环境，目前缺乏适合该区域种植的高产、优质、抗性强的品种，特别是富含优质蛋白的豆科牧草，从而影响栽培等后续生产利用相关技术标准/规程的制定。除此以外，由于旱作农业起步晚，农业类技术的研发周期长，需要大量人力物力等投入，这也给旱作草业的技术标准研究带来了一定的困难。

与旱作农业相比，目前牧草种植区多为经济落后区尤其是山地林下等，无法利用机械及时进行收获，牧草的收获及贮存大多采用传统的手工方式，导致牧草收割不及时，营养价值损失严重，而牧草种植地地理条件较差、种植分散，给牧草机械化带来很大的影响，相关技术标准/规程的制定面临严峻挑战。

2001年以来，随着科技的发展和农业实践的深入，需要更多的标准和规程来指导旱作农业的实践。但是，旱作草业技术标准/规程数量依旧很少，可能是因为旱作草业的技术发展相对滞后，或者相关的技术标准/规程制定工作还没有得到足够的重视。随着草地生态经济的发展和草原保护重要性的日益凸显，未来在旱作草业技术标准/规程的制定和实施上可能会有更多的关注和投入。

（二）旱作专利

与旱作农业相比，旱作草业播种技术及设备、地膜覆盖技术及设备、施肥技术及装备、收获技术及装备和土壤修复改良技术方面的专利数量均为0。这表明在旱作草业方面，尚未有相关的专利技术出现。然而，这并不意味着旱作草业的发展没有潜力，相反，随着全球气候变化和环境问题的日益加剧，人们也意识到旱作农业的重要性，旱作草业作为旱作农业的一种形式，未来发展前景可观。

与旱作农业相比，我国牧草育种起步晚，工作进程缓慢，而且由于牧草一般具有自交不亲和、异花授粉、多倍体遗传、近交退化等特性，很难定位突变基因，导致我国牧草严重缺乏自主知识产权的牧草品种，以至于缺少适宜北方寒冷、干旱、贫瘠等地适宜种植的高产、优质、抗逆性强的品种。

与农业相比，我国草地畜牧业十分落后，未得到很好的重视，每年牲畜的价值约3 000亿元，占农业产值的30%，但草地畜牧业仅占5%，远不能满足国家经济发展和人民生活的需要。此外，我国知识产权保护工作起步较晚，我国对专利的保护意识较弱，全社会对于知识产权的了解不够深入，导致很多有价值的技术和成果无法得到充分的保护和应用。这些问题都严重阻碍了我国旱作草业的发展和专利的深入研究。

（三）旱作相关试验文献

近十年来，旱作草业方面的试验文献虽有增加，但是与旱作农业相比，相关研究依旧差距很大。相关试验文献各类均有涉及，但主要是关于旱作品种筛选和选育，在后续的栽培种植、收获、利用等方面研究较少，尤其是机械化和水肥一体化相关试验。由于低温和干旱是限制牧草生长发育和产量的两个非生物胁迫因子，因此相关研究的重点主要集中在牧草抗逆性方面，筛选和选育抗寒性和抗旱性等适宜寒旱区草业高质量发展和退化草地生态系统恢复的抗性较强的品种，而这种特殊的环境使得开展旱作草业的研究相对困难。

与旱作农业相比，旱作牧草品种选育与栽培管理技术上还具有很大的局限性，目前，旱作草地栽培管理技术主要集中在提高种子萌发、增强苗期抗旱性等方面。而缺乏适应区条件的旱作饲草栽培管理、收获和加工关键技术的技术标准/规程和专利，可能也是导致文献研究较少的原因之一。

与旱作农业相比，旱作草业的研究不仅要解决草畜矛盾的问题，还要兼顾生态保护、合理利用草业资源发展经济、遏制草地退化促进恢复等问题，该技术的研究主要借鉴旱作农业的主要技术，同时考虑生态系统的脆弱性，平衡生态保护和畜牧业发展的需求，这就需要技术深入的研究，进而导致技术研发困难及相关研究进展缓慢。

四、建议

旱作作为目前全国现代农业发展的难关，基于目前检索到的信息的研究与分析，不难看出，与旱作农业技术相比，旱作草业技术落后很多，还有很大的进步和发展空间。

第一，需要国家政策的大力支持与积极推广。虽然保护性耕作是旱地耕作制度的重要组成部分，2002年起在我国正式立项并在全国范围大规模推广，但这并不意味着旱作草业的相关研究就很丰富，反而由于这一领域相对较新，受到的关注度还不够。再者，草业的发展关系到国家的食物安全、生态安全和乡村振兴等问题，因此需要国家政策的大力支持与积极推广，在政策的帮助下更好地发展旱作草业。

第二，政府和企业应该加大对旱作草业的政策支持和资金投入。旱作草业面临的困难严峻，包括特殊的环境条件和要解决的关键问题，都需要大量人力、物力和财力的支持和保障，从而推动旱作草业的技术创新和产业升级。

第三，旱作草业科研工作者需要沉下心、静下气，积极借鉴旱作农业相关技术，多与旱作农业工作者交流、沟通和学习，结合自身的科研理论和实践经验，将所学、所感、所悟运用到旱作草业工作中，积极开展从种到种到收到利用的全产业链发展的相关技术研发、示范和推广，为我国旱作草业发展贡献一份力量。

综上所述，旱作草业相关技术标准/规程、专利和试验文献研究较少的原因是多方面的，涉及技术、管理、生态和经济等多个领域。在未来，随着技术的进步和国家政策的支持力度加大，这一领域的研究和应用可能会得到进一步的加强。

（侯向阳、高昌宇，山西农业大学草业学院/农业农村部饲草高效生产模式创新重点实验室）

牧草青贮加工产业科技发展报告

青贮是指将新绿植物切碎、压实、密封存储，利用植物自身的乳酸发酵作用，将其中的可溶性营养物质转化为有机酸，保持水分，降低 pH 值，抑制有害微生物的繁殖，达到饲草长期稳定贮藏的目的。青贮一词来源于希腊语 siros，即用地窖或地洞贮藏人类的食物。1313 年的《王祯农书》中就已有记载，将马齿苋发酵后饲喂猪只，既省力，又肥膘。芬兰科学家 Artturi Virtanen 首次发现厌氧条件下降低 pH 值可抑制饲草表面有害微生物生长，进而达到使新鲜饲草长期保存的目的，该研究成果在 1945 年获得诺贝尔化学奖。1941—1946 年，王栋任西北农林科技大学教授兼畜牧系主任，是中国使用土窖方法进行青贮的第一人，在我国的黄土高原上制作了第一窖青贮。到南京后，他又进行了玉米青贮、野草青贮、苜蓿青贮和水生植物的青贮试验，并认真地分析了这些饲料的化学成分。山西省曾经在青贮技术示范推广中，做出先行先试的成绩。在全国农业劳模李顺达（1954 年）给华北农业科学研究所的信件中，写到收集了野草和青贮饲料 2 万多千克，种植苜蓿 60 多亩。1954 年，在山西长治专区 15 个县 9 个农场 215 个农业生产合作社，推广了青贮饲料 115 万千克，同时在榆次、晋南也有推广。

一、青贮加工产业发展现状

（一）品类增加

国家实施"振兴奶业苜蓿发展行动"（2012 年启动）之前，我国青贮的加工原料主要是玉米秸秆。伴着"振兴奶业苜蓿发展行动"的春风，我国人工种植的饲草草种有 20 余种，但商品饲草市场主要集中在 6 个草种，即紫花苜蓿、青贮玉米、燕麦、羊草、多花黑麦草和狼尾草，生产面积和产量分别占全部商品饲草生产的 91.8% 和 93.5%。在重要的 6 种商品草中，紫花苜蓿、青贮玉米、燕麦种植面积占比分别为 43.2%、20.2%、8.2%，产量分别占 6 种商品饲草生产的 42.5%、43.5%、8.2%。商品化的紫花苜蓿、青贮玉米、燕麦中，苜蓿干草、燕麦干草占比较大，拉伸膜裹包青贮逐步增多。除了少量近场处青贮玉米以窖贮为载体，偶见香肠式袋贮，更多的则是以拉伸膜裹包青贮的形式，利于长距离运输。

青贮玉米中，除了常见的全株玉米青贮饲料，近几年又发展起来了一个新的品类，即高湿玉米。高湿玉米青贮饲料是指在玉米籽粒生理成熟后、含水量为 25%~35% 时脱粒、直接粉碎、压实并密封发酵，经乳酸菌增殖，调制为牛、羊、猪和鸡等畜禽的饲料，具有保存时间长、营养价值高和饲喂效果好等特点。根据玉米原料组分的不同，可以将高湿玉米青贮饲料划分为高湿玉米籽粒青贮饲料、高湿玉米棒青贮饲料（high moisture ear corn silage）、玉米籽粒与穗轴一起青贮、高湿玉米穗青贮饲料（snaplage）、玉米籽粒、穗轴与苞叶等一起青贮，其中果穗青贮易操作，发展潜力大。与收获传统籽粒玉米相比，高湿玉米青贮有以下优势：一是收获时间较早，果穗青贮收获时间介于全株青贮与籽粒直收之间，籽粒收获时间比收获干籽粒早2~3周，可以有效降低不利天气等因素影响，缓解收获时人工和机械设备压力；二是籽粒青贮可以直接使用籽粒直收机械，果穗青贮可以直接用青贮收获机械，同时减少籽粒烘干成本，可以减少籽粒收获和牧场玉米粉碎使用成本25%~30%，提高收获产量10%~15%；三是可以播种生育期更长的玉米品种，以获得更高产量。

除了苜蓿、青贮玉米、燕麦三大青贮加工原料，在山西省现代农业牧草产业技术体系努力下，经山西省畜牧技术推广服务中心、山西农业大学草业学院、朔州市骏宝宸农业科技股份有限公司产学研用管一体化发力，小黑麦裹包青贮产业也方兴未艾。

（二）贮量增大

根据咨询公司调查数据对青贮产量与产值进行估算，按奶牛养殖规模（1 400万头，45%为规模化养殖）、肉牛养殖量（存栏6 000万头、出栏2 400多万头）、羊饲养量（存栏约2.8亿只、出栏约2.7亿只）计算，估计目前每年生产各类青贮饲料约2.6亿吨，总产值约870亿元，其中青贮玉米产值约260亿元。

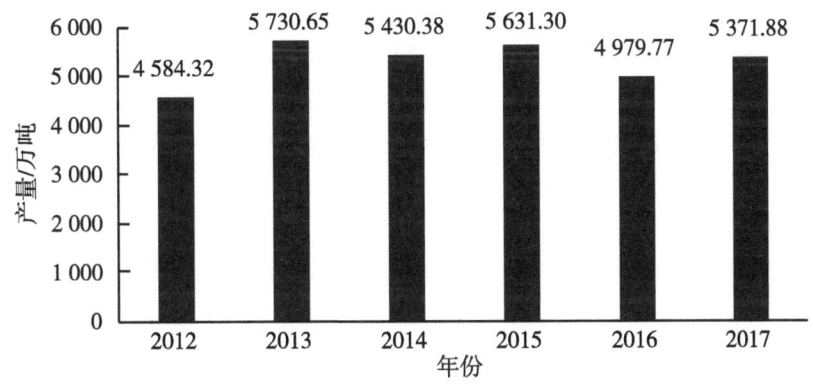

图38　近年青贮玉米产量

山西是全国玉米主产区，2017年，青贮玉米种植面积达143.9万亩，仅次于内蒙古、新疆、黑龙江、山东、甘肃，居全国第6位，青贮玉米产量达1 555 179吨，仅次于内蒙古、新疆、吉林、黑龙江、山东、甘肃，居全国第7位。

（三）机械保障

贮量的增长，离不开机械的贡献。青贮饲料收获机、裹包机等专用机械，国内已大有发展。兼用的运输、压实、圆捆、夹包等机械也有了自主开发，大型袋贮机械尚依赖进口。

青饲料收获机的发展主要经历了两个阶段，第一阶段是从国外直接引进相应机型和配套技术；第二阶段是在吸收、借鉴国外先进机型和技术的基础上，结合国内农业生产需求进行自主研发。截至 2024 年 3 月 10 日，我国 38 个农机补贴核算省区，有 28 个公示有青贮机数据，合计补贴各类青贮机 4 401 台，其中 2023 年补贴销售 2 382 台，2024 年补贴销售 19 台，其余为 2022 年及以前年度补贴销量。排名前 10 的自走式青贮机 2023 年合计补贴销售 817 台，占全国总量的 69.06%。山东森睿自走式青贮机合计补贴销售 135 台，市场占比 10.36%，补贴销量位列第 1 名，主销地新疆和宁夏都在 50 台以上。中机美诺自走式青贮机补贴销售 105 台，市场占比 8.06%，补贴销量位列第 2 名，主销河北 40 台、内蒙古 30 台。石家庄美迪自走式青贮机补贴销售 101 台，市场占比 7.75%，补贴销量位列第 3，主销地新疆 32 台、内蒙古 21 台、山西和宁夏都在 10 台以上。青贮收获机中，秸秆收集机、悬挂或背负式收获机、自走往复割刀式收获机逐步退出补贴目录，自走圆盘式收获机占比加大。近两年，我国自走圆盘式青贮机市场销售均在 2 000 台以上，销售额超过 10 亿元。在自走式青贮机八大品牌销量与价格调查中，河北、山东、河南的生产厂家有 80~100 家，鲜见山西的影子。

2023 年我国补贴销售打捆机前 10 名企业，合计补贴销量 9 268 台，占全国总量的 41.60%。其中圆捆机前 3 名分别是辽宁海阔机械设备制造有限公司、呼伦贝尔市玖嘉机械设备制造有限公司、中国农业机械化科学研究院呼和浩特分院有限公司。这些企业名录中，也是鲜见山西。

（四）品质改善

2008 年中国奶制品污染事件以来，饲草质量得以重视。我国的青贮质量也逐步提升，以全株青贮玉米为例。2023 年，我国粮改饲区域全株玉米青贮质量 84% 达到三级及以上水平，其中 21.4% 达一级水平，同比提高 3.8 个百分点；全株玉米青贮质量分级评分（CSQS）平均值为 66，同比提高 0.3%（图 39）。其中，干物质、淀粉和乳酸含

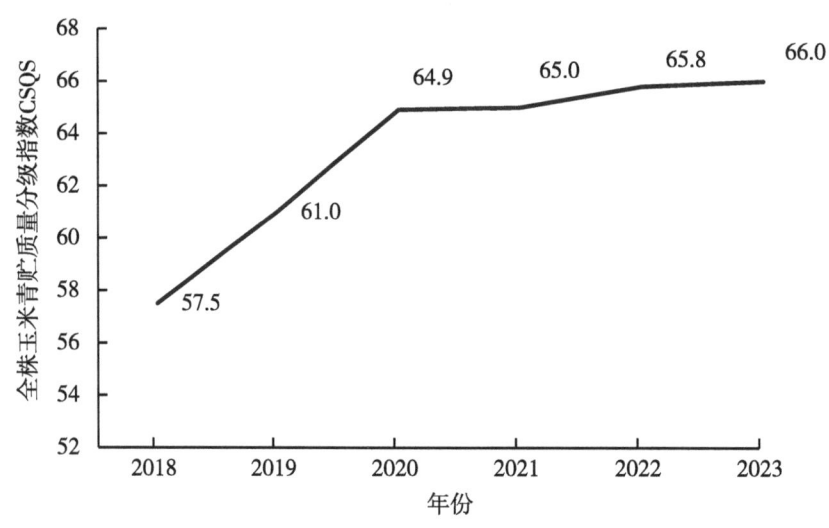

图 39 近年全株玉米青贮质量分级指数 CSQS

量同比显著提高，分别提高了 4.1%、4.4%和 9.3%。全株玉米青贮质量在不同地域和草食动物畜种之间仍存在明显差距，黄淮海地区 CSQS 比西南地区和华南地区分别高 11.1%和 17.5%，奶牛养殖企业 CSQS 比肉牛和肉羊养殖企业分别高 7.2%和 13.0%。

二、青贮加工产业科技创新情况分析

（一）青贮加工科学研究的文献计量学分析

在中国知网，以"青贮"为主题，查询到中文学术期刊 20 743 篇、学位论文 1 806 篇、会议报道 775 个、报纸 874 份、图书 1 本、标准 6 项、成果 635 项。在 2 万余篇学术期刊论文中，近年发文量 1 000 篇以上，主题词前 4 位分别是青贮玉米、青贮饲料、青贮品质、青贮原料，研究层次前 4 位分别是应用基础研究、技术研究、技术开发、开发研究，中国作者文献数前 4 位分别是玉柱、孙启忠、许庆方、贾玉山，机构分布前 4 位分别是中国农业大学、内蒙古农业大学、甘肃农业大学、山西农业大学，资助来源前 4 位分别是现代农业产业技术体系、国家自然科学基金、国家科技支撑计划、国家重点研发计划。

以"silage"为主题词，在 Web of Science 查询，有 20 961 个结果，其中论文 18 368 篇、学位论文 1 685 篇、会议报道 1 262 个、摘要 1 204 篇。近几年发文量均在 1 000 篇以上，发文国家前 4 位的是美国、巴西、中国、加拿大，研究领域前 4 位分别是农业、植物科学、生物化学与分子生物学、环境科学与生态学，中国作者单位前 4 位分别是中国农业大学、南京农业大学、农业农村部、中国农业科学院，中国课题组作者排名前 4 位的分别是邵涛、玉柱、郭旭生、张庆，国家自然科学基金资助排在所有文献的首位，其次是国家重点研发计划、国家攻关项目、博士后基金等。

（二）青贮发酵养分动态变化解析

从 2002 年以来，致力于牧草青贮发酵过程中，养分动态变化的解析，经过 20 多年的创新探索，国内研究实现了从"跟着走"到"领着走"的跨越。黑麦草、草木樨、全株玉米、苜蓿、饲料稻等青贮原料，利用凋萎、添加剂技术，可以降低氨态氮等非蛋白氮含量。之后，关于豆科牧草发酵过程中蛋白质降解比例、菌落特征、酶学特性的研究便领先于全球。从 20 世纪末开始研究青贮饲料的有氧变质问题以来，其目前仍然是研究的热点之一，催生了对异型发酵乳酸菌——布氏乳杆菌的筛选鉴定和功能评价，以调控发酵过程有机酸组成，提升青贮饲料的有氧稳定性。始于 2007 年的青贮发酵过程中硝酸盐、亚硝酸盐动态研究，国内在各种牧草、添加剂调控牧草青贮的硝酸盐、亚硝酸盐含量方面，也走在了世界的前列。除了常见牧草外，国内学者还对非常规的资源进行了青贮研究，如构树等。

积累研究的基础上，中国农业大学杨富裕团队牵头的"饲草优质高效青贮关键技术与应用"项目获 2019 年度国家科学技术进步奖二等奖。项目揭示了青贮过程中对发酵品质和有氧稳定性起决定作用的乳酸菌、梭菌、酵母等主要微生物演替规律、好氧变质和蛋白质降解机理，为优质青贮饲料调制提供了重要理论基础。从微生物组学和代谢组学角度，系统揭示了青贮过程中促进发酵的乳酸菌、劣化品质的梭菌、引起变质的酵母等种群演替规律，发现发酵产物中含有 γ-氨基丁酸等益生物质和酚酸等抑菌物质，明确了乳酸菌优选方向；探明类谷糠乳杆菌通过产生十六烷酸等抑制青贮饲料有氧变质机理；确定了 Pichia kudriavzevii 是导致饲草型发酵 TMR 好氧变质的主要酵母；首次明确 5 种肽链外切酶和 4 种肽链内切酶对蛋白质降解的作用机制。创建了以乳酸菌高效富集与定向优选、快速产酸抑制梭菌和酵母等有害微生物及蛋白降解抑制等为核心的青贮发酵品质调控关键技术体系，有效降低了营养损失。首次研发出青贮原料田间碳氮调控富集乳酸菌技术，数量增加 100 倍以上；从原料、青贮料、土壤、动物胃肠道和排泄物等分离的 6 000 余乳酸菌株中优选出快速产酸、抑制有氧变质、促进高低温发酵等登记菌株 18 株，为产品开发提供了材料；发明美拉德产物包埋乳酸菌技术，半年常温存活率达 50% 以上；高水分苜蓿青贮添加植物乳杆菌 L20JPL65，100% 抑制梭菌发酵，降低氨态氮 92%；玉米青贮添加类谷糠乳杆菌 ZH1，酵母减少 99%，有氧稳定时间延长 2 倍以上。开发出含水量 75% 以上高水分苜蓿青贮和添加富含肉桂酸等果渣抑制蛋白降解新工艺，实现青贮成功率 100%，蛋白降解率下降 46%~55%，研制出专用饲草型发酵 TMR 产品。山西农业大学作为第四完成单位，许庆方为第五完成人。

（三）青贮加工机械研发

在自走式青贮饲料收获机、圆捆机、捡拾裹包机整机，割台、喂入切碎、自动磨刀、籽粒破碎、抛送、电液控制、参数检测等方面，开展了自主研究。

例如，市场占有率超过 10% 的中机美诺公司生产的 9458 型青饲料收获机，采用省油高效、动力强劲的 458 马力[①]高性能柴油机，配置了 4 500 毫米超宽割幅的可折叠割台，喂料机构设有 4 个喂入辊，喂料间隙可浮动调节，应用了自动磨刀系统等先进技术，装配有金属、石块探测器。切碎机构采用了动刀刃口为椭圆曲线的平板型滚刀式切碎器，能保证动刀与定刀间隙始终一致，可实现 8~18 毫米切段长度的无级调节。抛送机构由大功率的抛送风扇和加长抛筒组成，抛送臂可以在 ±90° 范围内调节。

4YZD-4 型玉米收获青贮黄贮圆捆打捆机研制，由山西运城市绛县星源科技有限公司于 2021 年完成。之前为 2002 年，山西忻府区饲草机械开发中心研制成功 9DY 系列玉米秸秆饲草打压机。

（四）青贮加工投入品研发

投入品包括但不限于青贮膜、网、压窖物等。新中国成立前后，土窖青贮时，由于缺乏塑料制品，窖顶只能以干草、石块、土块密封，造成表层损失，且开窖时混入泥土，降低了青贮饲料的可食率。1966 年，中文文献首次报道了塑料薄膜应用于青贮窖的封顶。1995 年，澳大利亚英特包装公司，作为世界南半球最大的塑料拉伸回缩膜及相关的裹包机械系统的专业生产厂家，将目光投向中国市场，在上海设立埃佩克国际贸

---

① 1 马力 = 0.735 千瓦。

易有限公司并在北京设立办事处，推广该公司的薄膜和设备。由于拉伸膜、内网价格昂贵，限制了 20 世纪末裹包青贮的大规模生产。

牧草膜一般是采用聚乙烯（PE）、聚氯乙烯（PVC）、聚苯乙烯（PS）、聚丙烯（PP）以及其他树脂复合技术而制成的薄膜，主要应用于牧草青贮的存贮过程。常用的青贮膜或青贮膜替代品主要有：窖贮青贮膜（RKW 二合一青贮隔氧膜）、青贮打包膜（传统的黑白膜、PE 缠绕膜、PVC 收缩膜、IPEX 拉伸回缩膜）、青贮打包袋（青贮膜替代品）、牧草专用膜等。窖贮青贮膜主要用于窖贮青贮时使用，应用于青贮窖、青贮池、青贮塔，地面堆贮；青贮打包膜主要应用于青贮包、牧草包打包使用，使用时一般配合打包机械一同使用；青贮打包袋主要用于联合收割块状牧草或人工袋装青贮使用；牧草专用膜，仅适用于牧草的打包使用。精良同硕、萨丽特、聚富、裕盛源、新光等厂家，均能够根据青贮需求，生产相应的牧草膜。目前尚靠引进的是青贮阻氧膜和大型青贮袋。含有乙烯-乙烯醇共聚物（EVOH）、尼龙的阻氧膜，透氧率是普通透明膜的 1/50。

（五）青贮品质评定技术

基于发酵品质的评价，德国科学家 Flieg 于 1938 年提出弗氏评分法，之后 Zummer 对弗氏法进行了修改。2001 年日本粗饲料评定中的 V-Score 评分体系，也是以氨态氮和乙酸、丙酸、丁酸为评定指标进行发酵品质评定。1996 年，为了提高青贮饲料质量，减少资源浪费，试行了以 pH 值、水分、气味、色泽、质地、氨态氮、乳酸、乙酸、丁酸为指标的青贮饲料质量评定标准。结合发酵品质、养分含量，DB14/T 953—2014《玉米青贮饲料》等地方标准的制定，开启了全方位评价牧草青贮品质，如 T/HXCY 003—2019《构树青贮质量分级》、T/CAAA 005—2018《青贮饲料 全株玉米》、T/CAAA 004—2018《青贮饲料 燕麦》、T/CAAA 003—2018《青贮和半干青贮饲料 紫花苜蓿》、T/DAHEB 003—2018《河北省全株玉米青贮质量评定标准（试行）》、T/DALN 001—2018《辽宁省全株玉米青贮质量评定标准（试行）》。在发酵品质、养分含量的基础上，结合 30 小时中性洗涤纤维消化率等指标，开发了 CSQS 方法。CSQS 评分先计算全株玉米青贮质量分级指数（CSQI）：

$$\text{CSQI} = \sum_{i=1}^{n} (W_i \times S_i) \tag{1}$$

式中，S_i——粗蛋白、淀粉、粗脂肪、30 小时中性洗涤纤维降解率、氨和乳酸的标准化值；

W_i——各个营养指标所占的权重，包括粗蛋白、淀粉、粗脂肪、30 小时中性洗涤纤维降解率、氨、乳酸。

CSQS 值计算及分级：

$$\text{CSQS} = \frac{(\text{CSQI} - 0.09)}{0.84} \times 100 \tag{2}$$

三、青贮加工产业科技发展面临的瓶颈与挑战

(一) 科研经费投入不足

在国家部委层面，国家科技支撑项目、重点研发计划、国家科技攻关计划尚未有青贮专项的设立。"十二五"国家科技支撑计划"草业及草原可持续发展关键技术研究与集成示范"，"十三五"国家重点研发计划"优质饲草供给及草畜种养循环关键技术研发"，"十四五"国家重点研发计划"畜禽新品种培育与现代牧场科技创新"重点专项"木本源新型蛋白饲料加工与高效转化技术"项目等，虽然有青贮科研的研究内容，但是尚未设立为项目。启动于2013年的公益性行业（农业）科研专项"饲草青贮工艺技术及配套设施装备的研究与示范"，是农业部行业项目唯一的青贮专项。每年不足5项的国家自然科学基金项目（含青年基金、地区基金），成了获得国家支持的唯一途径。启动于2016年的"粮改饲"试点，补助主体为青贮饲料加工的单位，不属于科研支持。

从省级项目看，一部分省份资助项目数尚可，另一部分省份则相对较弱。中国知网中文文献中，内蒙古自治区自然科学基金资助54篇，内蒙古自治区科技计划资助36篇，累计90篇，排位第1。排位第2的甘肃省分别为39篇和27篇。排位第4的贵州省资助41篇。近几年刊出文献中，贵州省资助项目有贵州省省级科技计划项目（黔科合成果〔2022〕重点005）、黔科合支撑"贵州优质饲草秸秆资源利用关键技术研究与示范"（〔2021〕一般179）、黔科合平台人才"贵州省优良牧草种质发掘与创新利用科技创新人才团队"（〔2020〕5005）、黔科合成果"酱酒酒糟及农作物秸秆饲料化技术集成推广应用"（〔2022〕重点005）、黔科合服企"贵州草地资源管理与高效利用创新能力建设"（〔2022〕004）、贵州省基础研究（自然科学）（黔科合基础-ZK〔2023〕一般120）、贵州省省级科技计划项目（黔科合成果〔2022〕重点005）、贵州省科技项目（QKHPTRC-CXTD〔2022〕011）、贵州省科技计划项目（2023024）等9项。排位第3的山西省，资助文献42篇。不完全查询到的只有山西省面上青年基金项目（201901D211370）、山西省基础研究基金项目（2015021162）、山西省科技攻关计划项目"青贮饲料布氏乳杆菌制剂的研制与开发"（20100311052）等3项。山西省现代农业牧草产业技术体系的成立，每年定向资助有关青贮的研究，缓解了山西省青贮研究经费投入不足的窘境。

(二) 科研实力依然薄弱

在资助不足、目标功利化等的影响下，如同其他行业一样，青贮加工科技基础仍然薄弱，原始创新和系统集成创新能力还有待加强，尤其是拥有自主知识产权核心技术的企业不多。主要的科研从业人员集中于高校科研院所，企业科研意向不高，实力不足或欠缺。青贮加工，连接了牧草栽培与牧草利用，本身具有重要的桥梁作用。然而，在学术界，从2017年启动的中国草学会年会，至今尚未有青贮加工的主旨报告。国家级、

省部级科研平台，也尚未有见获批。2021年内蒙古自治区曾批准了建设青贮饲料微生物生态学重点实验室，但是在随后的优化重组中，目前未能入列。产业界，2023年在北京召开了第一次于亚洲举办的第十九届国际青贮大会，国内仅有国家奶牛产业技术体系首席与岗位专家亲临会场，青贮加工上下游的国家牧草产业技术体系、国家肉牛牦牛产业技术体系、国家肉羊产业技术体系、国家绒毛用羊产业技术体系等体系专家莅临会场人数不多，尚未能引起足够重视。全国性的青贮饲料质量评鉴活动已经举办过六届，但青贮加工业的科技工作者参与程度仍有待加强。

（三）科研队伍尚需壮大

中国科学院微生物研究所、中国农业科学研究院草原研究所、兰州大学、南京农业大学、内蒙古农业大学、甘肃农业大学、中国农业大学、西北农林科技大学、北京林业大学、青岛农业大学、山西农业大学、四川农业大学、新疆农业大学、吉林农业大学、宁夏大学、西南民族大学、内蒙古民族大学的草业（草原）学院，以及其他的学院、科研院所，奋战在青贮加工领域的专家学者数量较少。草学一级学科设立了草原学、牧草学、草坪学、草地保护学和草业经营学二级学科，以青贮加工为研究方向的学科带头人、关键部门领导涌现较少。故而科技队伍目前是大有不足。再者，青贮加工的主要原料是全株玉米，每年的作业季集中于夏末秋初，从业人员仅仅作业月余。如何以1个月的作业季，支持年季收益，还需要全面考量。

四、青贮加工产业科技支撑的重点领域与前沿技术

（一）高效添加剂机理研究与产品开发

青贮添加剂有生物添加剂、农业副产物、发酵抑制剂和营养性添加剂。生物添加剂主要包括微生物添加剂和酶制剂。微生物添加剂起始菌剂浓度受菌剂母液、贮存、使用等因素的影响而导致不稳定性。酶制剂在青贮饲料中的效果受到多种因素影响，如原料的种类、青贮的温度和pH值等。不同植物具有不同纤维结构组成，若能根据不同植物纤维结构和青贮环境特性，有针对性地研发青贮酶制剂将会大大提高纤维降解效率。糖蜜、淀粉作为发酵促进物，还需更深入的研究来阐明其作用机理。发酵抑制剂主要包括有机酸和无机酸，但酸对人、动物和机械具有腐蚀性，对动物有潜在毒性，还需要揭示机理、降低成本。营养性添加剂可使青贮饲料营养均衡，如何均匀加入，避免青贮窖或青贮包不同部位营养品质不均匀还需要深入的研究。

（二）抑制有氧变质

从密封的贮体开启取用，甚至封闭不严的贮体，会使青贮长期处于有氧的环境中。因此，抑制有氧变质，也是青贮加工的一个重要主题。抑制青贮有氧阶段有害真菌的生长，依然是当前研究的难点和热点。虽然布氏乳杆菌已被广泛应用于全株玉米和牧草等多种青贮饲料有氧稳定性的改善，但其也并非完美无瑕。一是生长速度慢，布氏乳杆菌

需要在厌氧条件下生长50天左右才能最终有效改善青贮有氧稳定性；二是异型发酵菌产生大量的乙酸会导致青贮饲料能量损失过大，适口性降低。找到一种能够在1~2周内快速有效提高青贮饲料有氧稳定的异型发酵菌株，或者既能以乳酸发酵为主又能抗青贮有氧变败的同型发酵菌株将会有十分重要的意义。

（三）微生物群落及功能进一步解析

青贮发酵过程是由微生物介导的动态变化过程。通常情况下，当每克鲜重青贮原料中乳酸菌的数量超过10^5菌落总数（CFU）时，才能保证乳酸菌在青贮发酵初期快速繁殖，产生大量乳酸，成为优势菌种，进而保证青贮饲料快速良好的发酵。借助微生物组、代谢组学技术，对原料表面微生物科属、数量、碳水化合物代谢、氨基酸代谢、能量代谢、辅酶因子和维生素代谢以及异源生物的生物降解和代谢，都得到了一定的解析。但是这些研究，大部分是借助参比手段，加以估计、推论，就如同钻入青贮发酵的"黑箱"中，取得样品，借助测试结果，类似盲人摸象般加以推测。直接的严谨性论证研究，还需要进一步开展。

五、结语

以干物质计，2020年全国牧草产量7 160万吨，青贮玉米就达到4 000万吨，占据了绝对的地位。2025年我国牧草总产值要达到2 000亿元以上，青贮加工则超过千亿不少。如此巨大的市场规模，需要围绕产业链部署创新链，以科技创新赋能产业升级；围绕创新链布局产业链，促进科技创新衍生出新兴产业；围绕创新链完善资金链，借助资本力量促进产业化发展；依托"三链"平台聚集人才，构建人才链强大的智力支撑。

六、建议

在将来的一段时间内，青贮依然是有效保存牧草的主要措施之一。针对青贮加工科研投入欠缺、人才队伍弱小、支撑产业科技发展力度不足的现状，需要加大政府、行业的资金投入，做强做大青贮科技，着力加强牧草青贮科技保障作用。青贮科研人员，要继续发扬艰苦奋斗精神，守好立志提升我国青贮科研实力的底线，在揭示牧草物料特性、改善养分功能、提升青贮品质、维持动物营养等诸多方面持续发力，做好资源挖掘、菌酶开发、机械配套、产品丰富的大文章。同时要敢于善于创新，突破牧草青贮之界，吸纳工业、信息优秀成果，为现代服务业同先进制造业、现代牧草青贮产业深度融合提供扎实的科技支撑。

（许庆方，山西农业大学草业学院；杨子森，山西省畜牧技术推广服务中心）

草田轮作产业科技发展报告

我国草田轮作具有悠久的历史,魏晋南北朝时期开始的粮肥轮作是我国草田轮作的发端。以后的各个时期,草田轮作在农业生产中都有发展和应用,积累了丰富的经验。我国古代草田轮作的主要目的是为了恢复地力及抑制病虫害的发生,以提高农作物的产量。现代草田轮作是为了提高土地利用率,增加粮食和饲料的产量。

草田轮作,就是将牧草与作物在一定的地块、一定的年限内,按照规定好的顺序进行轮换种植的一种合理利用土地的耕作制度。早在几千年前,我国劳动人民就开始利用绿肥培肥地力等一系列农业技术措施来促进农业生产。粮肥轮作作为草田轮作的最初形态,在我国有着悠久的历史和丰富的经验。明代是我国粮食作物与绿肥作物轮作得到全面发展的时期,不论南方还是北方,都发展了粮食作物与绿肥作物的轮作复种制。明代以后我国长江以南和黄淮流域草田轮作的种植方式已经相当广泛。理论和技术都得到了丰富和发展,用地和养地的方式方法不断改善,形式也逐渐多样化。草田轮作是我国现阶段满足饲料粮需求和用地与养地结合的最佳耕作制度之一,也是实现由传统的粮经二元结构向粮经饲三元结构转变的重要措施。分析梳理现有的草田轮作产业科技中面临的技术瓶颈和存在的短板,指出面向未来30年的科技方向和政策建议,是实现我国农牧区生态、经济和社会可持续发展和农牧民增收的有效途径。

一、草田轮作发展潜力和现状

(一) 草田轮作的潜力和重要性

引草入田,实现草田轮作、间作和套种,是充分利用农田资源,提高复种指数的重要途径。收获牧草既可解决草食畜禽的饲料来源,又可起到增产粮食和提高经济效益的作用。任继周提出中国食物构成的新趋势"2+5"模式——按照目前我国粮食结构和消费量匡算,我国粮食安全面临巨大挑战,其中人的口粮长期预测不过2亿吨,我国自给无虑,而饲料等非口粮用粮达5亿吨。数量巨大的饲料用粮需求是对我国粮食安全真正的威胁。新西兰动物饲料近100%来自草业,美国70%左右,而我国只有8%,其余靠谷物来支撑。在饲料用粮成为我国粮食生产主要压力的情况下,如果继续坚持传统的"粮—猪农业"饲料用粮,数量巨大的饲料用粮需求必对我国粮食安全造成真正的威胁。而建立草地农业系统,将人食与畜食分开,走节粮型、非粮型饲料道路是减小粮食生产压力、优化中国人口食物结构、确保粮食安全的一项有效措施。我国农区尚有

49.69×10^6 公顷的土地资源发展草业，发展空间巨大。农区的出路在于引草入田，实行草田轮作，部分农田拿出来种草，不但不会降低粮食产量，反而可以提高粮食产量，这就是藏粮于草，经济而又安全。

（二）草田轮作的现状与特点

国外草田轮作研究是基础与应用并重，总体呈现以下一些特点：①随着土地与粮食压力增大和有机农业的兴起，粮草轮作与间作研究备受重视，如紫花苜蓿与大豆、玉米和小麦的豆禾轮作等；②欧洲和北美发达国家在集约化牧草生产体系中应用数字化决策支持系统，不断改善与优化耕作制度；③模型的设计与模拟成为耕作制度研究的主要手段，如不同耕作制度中土地资源、水资源利用效率分析与评估；④耕作制度在更长期研究周期下的系统动态，如土壤元素动态等；⑤建立饲草种植制度与草食畜生产系统优化模型，提高作物—家畜农业系统生产效率的研究；⑥重视农业系统与生态环境间关系整合下的经济表现研究；⑦注重关键牧草的多样性与适应性研究，如澳大利亚引进地中海夏眠牧草，解决夏季降水量比较稀少的适应问题；⑧全球变化背景下，耕作系统土壤碳汇作用与碳平衡等方面的研究成为热点；⑨生物质能源草的研究逐渐开始变热；⑩欧洲、北美、新西兰和澳大利亚等形成了"林草套种、以草养畜养禽、以粪养林养草"的林草畜禽种养循环模式。

我国草田轮作研究多注重增产和增收方面，轻视用地与养地结合，总体呈现以下特点。①北方地区逐渐形成以紫花苜蓿为主的轮作体系，南方地区逐渐形成以多花黑麦草为主的轮作体系。②由于缺乏科学草田轮作制度，我国北方草田耕作病虫害日益突出，如象鼻虫、线虫类、蓟马对紫花苜蓿种植产生威胁；南方冬闲田种植多花黑麦草的栽培管理技术趋于完善，但多花黑麦草加工贮藏存在问题，刈割较早，水分含量高，易引起家畜肠道不适和消化吸收降低等问题。③草田耕作的研究内容主要还是集中在耕作制度对牧草产量和质量的影响，对土壤水分的影响，对土壤氮和磷含量的影响，对土壤有机质等物理化学特性的影响，对杂草防除的影响等传统草田耕作研究方面。④最近几年，随着全球对环境变化的关注，我国对草田耕作系统土壤碳汇作用与碳平衡等方面的研究数量也多起来，发现草田轮作是改善土壤质量，实现土壤蓄存碳、固定二氧化碳的重要途径。

（三）草田轮作经济与生态效益

大量的研究和生产实践证明，草田轮作能够提高后茬作物产量及其籽粒品质。历时8年，甘肃静宁县甘沟乡将紫花苜蓿（*Medicago sativa*）、红豆草（*Onobrychis sativa*）、百脉根（*Lotus corniculatus*）引入粮田农作系统，应用"等价产量"和"蛋白质产量"的概念，对其产出效益分析表明，豆科牧草对后作物有明显增产效果。三种牧草等价产量增产幅度依次为 1.7%~29.5%、7.3%~23.2%、11.9%~32.8%，对后作的蛋白质产量增产幅度分别为 14.8%~30.3%、17.0%~25.7%、15.5%~32.8%。山西运城地区苜蓿后作的小麦增产 66.9%、棉花（*Gossypium* spp.）增产 62%、谷子增产 87.5%、玉米增产 7.4%、甘薯（*Ipomoea batatas*）增产 1 倍。在内蒙古莫力达瓦达斡尔族自治旗进行的试验表明，苜蓿后茬种植的玉米产量比作物后茬平均提高14.3%。南方农区可利用冬闲田轮作黑麦草饲养奶水牛，具有较好的经济、社会效益，冬闲田种植黑麦草，早稻和晚稻的平均增产幅度达10%，"黑麦草—水稻"草田轮作系统一般一个冬季的产出在1.5万元/公顷以上。近年来，山西进行了多种草田轮作技术的实践，重点推广了"小麦+青贮玉米""小麦+饲用大豆""两茬青贮玉米+小麦""青贮玉米+燕麦""青贮玉米+苜蓿""青贮玉米+饲用小黑麦"等模式，取得了很好的成效。比如，饲用小黑麦与玉米轮作，可以增加一季收入，每亩可增收500~700元。

实行草田轮作，比单一种植粮食作物可获得更高的生态效益和经济效益。2010年，祝廷成等在东北平原区的研究表明，"粮食—牧草—经济作物"三元结构的草田轮作是获得良好生态效益和经济效益的有效途径，粮草轮作既提高了粮食产量，提供了充足的蛋白质饲料，又改善了生态环境，可收到一举数得的功效。黄土丘陵半干旱区，草田轮作配套技术是提高土地生产力、促进农田生态系统向良性循环转化的根本措施，可改善土壤肥力，促进土壤健康。草田轮作可以很好地抑制农田杂草的发生，还可以减少土壤中活动的杂草种子数量。草田轮作收获的牧草不但可直接作为商品，而且可通过家畜转化成肉、蛋、奶、毛等畜产品。草田轮作既提高了粮食产量，又为家畜提供了充足的蛋白质饲料，还起到改善生态环境的作用。草田轮作的巨大生命力，已在高效农业中显示出作用。引草入田，利用草的经济和生态功能，发展质量效益农业，以实现农牧业生产的可持续发展。

总之，草田轮作是根据各地具体情况，结合人们生活和生产的多种需求，以解决当地粮食增长、饲草料短缺、土壤肥力下降问题为主，通过不同轮作模式的合理应用，达到充分利用有限资源，提高土地生产力，增加农牧民收入的目的。

二、草田轮作科技创新情况分析

本分析涉及的相关文献信息数据来源于中国知网，高级检索中时间范围为2000年至2024年5月，搜索时使用"篇关摘"搜索"轮作"，确保获得所有关于草田轮作的内容，去除非农业大类的文献，关于农田轮作的研究中，学术期刊有1 421篇、学位论文为101篇、会议报告为101篇、报纸文章为11篇、成果311件，合计1 945篇（件）；关于草田轮作的研究，学术期刊有151篇、学位论文有53篇、会议报告为17篇、成果42件，合计263篇（件）。

涉及的专利信息数据来源于企知道专利数据库（https：//patents.qizhidao.com/），搜索关键词"轮作"，并设置专利的公开日为2000年1月1日至2024年5月6日且是有效专利，筛选后得到14 150件专利，有关于轮作的内容包括不同作物间的轮作（经济作物间的轮作、农作物与经济作物间的轮作、中草药的轮作和草田轮作等）、不同轮作的栽培和管理、轮作中病虫害防治、轮作大棚和机械设备等。为了便于统计，将除草田轮作之外的其余的轮作方式统称为农田轮作。按照上述的设置，14 150件专利中农田轮作的有2 637件，草田轮作的仅有13件，只占农田轮作的0.49%。涉及的标准/规程信息数据来源于全国标准信息公共服务平台中现行标准/规程（https：//std.samr.

gov.cn/),搜索关键词"轮作",检索、筛选后 2000—2024 年现行标准共有 170 件,经过逐一筛选,关于草田轮作仅有 20 件,占 11.76%。

将 2000—2024 年关于农田轮作和草田轮作的文献报告、专利和标准进行对比分析,(图 40),可以看出,我国对草田轮作的研究远远少于农田轮作。对 151 篇关于草田轮作的学术期刊的研究内容进行分类分析(图 41),可以看出,我国目前草田轮作研究主要集中在对土壤微生物和有机质等理化性质的影响,对牧草产量和质量的影响。对土壤水分、氮和磷等含量的影响和对杂草和病虫害防除的影响上,对草田轮作中牧草品种筛选和适应性,经济、生态效益等方面的研究相对较少。

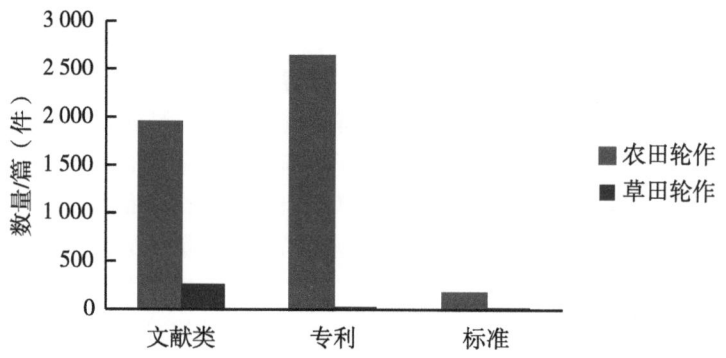

图 40 草田轮作与农田轮作科技创新情况对比图

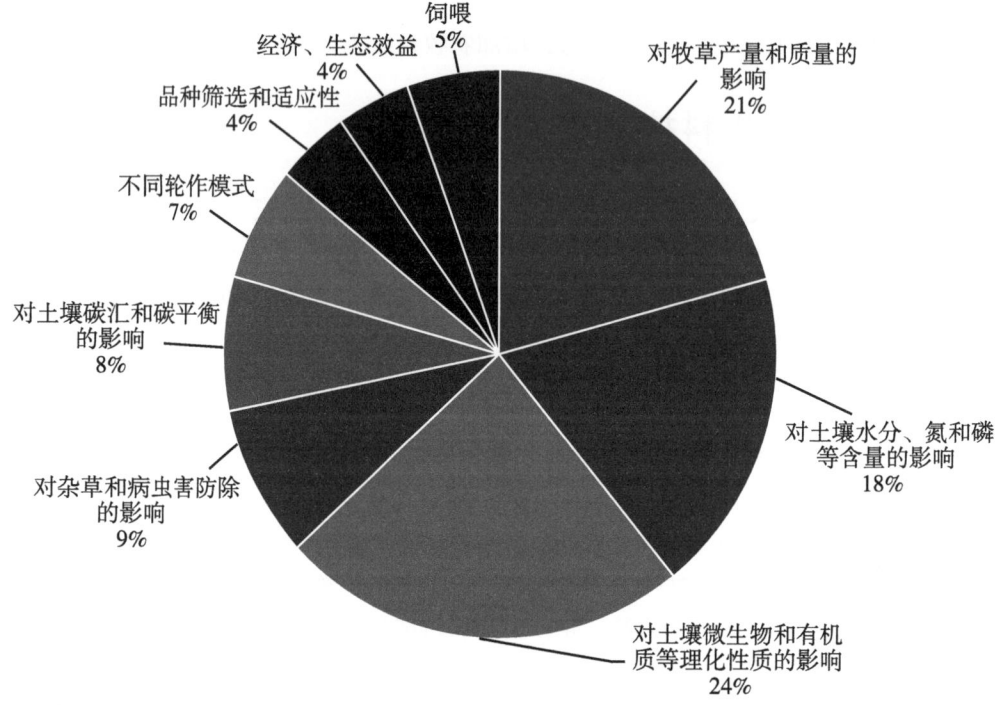

图 41 目前我国草田轮作的主要研究内容

三、草田轮作产业科技发展面临的瓶颈与挑战

（一）缺乏科学的草田耕作制度和集成性科研成果

随着人们对肉、蛋、奶需求量的增加，百姓对土地的需求日益提高，但我国大部分农牧交错区的生态环境较为脆弱，百姓为了获得更高的收成，一方面大量施用化肥，造成农田生态系统的富营养化，未被利用的矿质元素又被通过径流或渗透作用污染区域内河流和地下水。另一方面，因为农牧交错区缺少高标准的灌溉条件和科学合理的用水布局，农民抽地下水进行农田漫灌以保证农作物的需水要求，造成了水资源的浪费和地下水位的下降。另外，由于缺乏科学草田轮作制度和集成性科研成果，我国北方草田耕作病虫害日益突出，如象鼻虫、线虫类、蓟马对紫花苜蓿种植产生威胁。虽然，南方冬闲田种植多花黑麦草的栽培管理技术趋于完善，但多花黑麦草加工贮藏存在问题，刈割较早，水分含量高，易引起家畜肠道不适和消化吸收降低等问题。春耕时节，由于缺乏高大乔木作为农田防护林，大风将刚埋入土中的种子吹出地表，裹挟的沙粒将萌生的新芽打烂，造成了粮食大幅减产，补种补植措施增加农民经济负担，且幼苗成活率堪忧。

（二）草田耕作模型设计与兼顾生产生态的种养结合绿色发展模式发展缓慢

目前，欧洲和北美等发达国家已将农田耕作模型设计与模拟作为研究耕作制度的主要手段，如设计不同的耕作模式，研究不同耕作模式下的土地资源、水资源利用效率分析与评估等。通过建立的模型，可以在集约化牧草生产体系中应用数字化决策系统，不断改善与优化耕作制度，也可监测更长周期下的土壤元素等动态系统，及时进行调整。

农田耕作模型设计和模拟与兼顾生产生态的种养结合绿色发展模式的建立是优化草地农业结构的有效技术手段。按照优化后的农业结构安排种植业、养殖业、肥料，实施科学管理能够实现增产增收和农业可持续发展。我国虽然在这方面已有一些成功的案例，但发展缓慢，远远不能满足生产的需求。2018 年，全国重点天然草原牲畜超载率为 10.2%，对草地生态造成巨大的压力。目前全国 20 多亿头（只）草食畜禽每年缺优质牧草 2 亿吨以上，美国、新西兰和欧盟规定养殖 1 头奶牛需配备 5 亩以上土地种植饲草，解决粪污消纳和粗饲料保障问题。澳大利亚和新西兰也已形成草畜平衡的生态畜牧业发展模式。而我国农牧交错区的人工草场和天然草地疏于管理，超载过牧，致使草场遭到破坏，水土流失严重，限制了牧草产业发展的上限。建立草田耕作模式与兼顾生产生态的种养结合绿色发展模式，并进行模拟和优化，加快草业轮作的智慧化和数字化进程，提高作物—家畜农业系统生产效率的研究成为趋势。

（三）草田轮作农业系统中草业机械的关键部件受制于人

我国是世界上草原资源最丰富的国家之一，但是，与其他草原大国相比，机械化水平差距很大。草业机械发展起步晚、水平低，最早使用机械收割牧草可追溯到 20 世纪初叶，生产收获机械始于 20 世纪 50 年代，21 世纪才进入自主研发阶段，但很多关键

部件还受制于人，核心技术刈割压扁、收贮成型等机械需要从国外引进，国外公司在中国市场占有率超过 90%。由于机械设备的缺乏，草业精深加工不足，产业附加值低。美国食用草加工业产值近 30 亿美元，我国则几乎为空白。

四、草田轮作产业科技发展的重点领域与前沿技术

（一）牧草适宜性评价与引种决策支持系统软件的开发与应用

草田耕作系统中，最基础的就是选择什么样的牧草品种。在具体实践中，牧草种类和品种选择不当，不仅恢复不了生态环境，还会造成重大的经济损失。GIS（地理信息系统）是一种强大的空间数据处理工具，可以对多种空间数据进行集成、分析和可视化。基于 GIS 的牧草适应性评价方法结合地理因素和土壤因素，通过构建适应性评价模型，开发牧草适应性的综合评价软件，可以为草田耕作系统牧草草种选择及其栽培管理提供决策支持。

目前，国家牧草产业技术体系确定了全国 9 个草业生态区的主栽牧草，重修不同区域牧草适宜性区划的修订标准、完善了牧草适宜性评价模型及制图，出版《中国主要栽培牧草适宜性区划》，牧草适宜性评价与引种决策支持系统软件的开发和应用工作还需进一步的推进和完善。

（二）草田耕作制度的建立与优化

针对我国自然气候多变、地形地貌复杂、土壤水分分布不均等特点，我国草田耕作可根据南北方各生态区的自然气候条件和耕作制度设计草田耕作模式试验。南方应加强豆科饲草与粮经作物复种的季节性种植模式，充分利用冬闲田和经济林晚秋至春季落叶季节进行速生栽培利用。季节性栽培利用可能是我国南方农区紫花苜蓿的重要发展方向之一。雨水集流灌溉和覆盖种植是中国北方牧草种植的发展方向之一。

国际草田耕作研究包括草田精耕细作、少免耕、覆盖、遥感、灌溉、施肥、病虫害和杂草防除、卫星地理定位、生物工程技术和高效现代化机械在草田耕作管理中的应用将对生态和经济产生的影响等方面。目前，国家牧草产业技术体系筛选、建立了我国不同区域苜蓿轮作、豆豆混作、豆禾混作及针对不同草食家畜养殖的牧草轮作种植模式等适宜推广的典型草田耕作制度 26 个。典型推广模式有：华北地区"苜蓿—玉米—小麦—苜蓿"轮作模式、黄土高原西北部旱作山区与川塬区"苜蓿—小杂粮—冬小麦—苜蓿"草粮兼顾型轮作模式、甘肃河西走廊与宁夏灌区"苜蓿—青贮玉米—苜蓿（冬小麦）"轮作模式、"无芒雀麦+苜蓿"混作模式、呼伦贝尔"羊草+苜蓿+一年生牧草"混作模式、内蒙古中部"驼绒藜+冰草"灌草混作模式、"苜蓿+冰草"混作模式、饲用"小黑麦与玉米（青贮玉米）"复种模式、"饲用小黑麦与花生"复种模式、"棉花与饲用黑麦"复种模式、"苜蓿田复种冬牧 70 黑麦"模式、"冬小麦复播苜蓿+早熟油菜"模式、老芒麦和薤草混作模式及南方坡耕地分带间耕栽培模式等。但对标国际草田耕作研究的方向，我国还有很多的工作要做。

（三）草田轮作农业系统中可持续发展的研究

2100 年全球预估人口将增至 109 亿，需要通过可持续的集约化农业系统增加约 48.6%的粮食产量。然而目前的农业管理是不可持续的，农用化学品和肥料的大量投入导致温室气体大量排放、害虫和除草剂抗性增加、生物多样性丧失，以及土壤退化等问题。在世界许多地区，与集约化农业相比，通过引入农牧结合系统可增强农业系统的气候适应性、环境可持续性和经济可行性，该系统采用草田轮作，种植不同类型的牧草来提升土壤质量和生产力，从单纯的作物系统向作物—草种植系统转变、种植系统向草—畜结合系统转变、草田轮作农业系统中更加重视生物多样性等生态功能等一些趋势。比如根据气候变化，调整草田耕作模式和推动传统草地放牧业，从而提高草地生产力和草地环保作用；少耕免耕和覆盖草田耕作技术能减少温室气体排放和缓解全球气候变化，保持地面长时间覆盖（全年）和全面覆盖（100%地面覆盖），增加有机质输入（豆科固氮），同时产生较高经济效益；新建草田耕作田的二氧化氮排放量远小于旧草田耕作田，是提高土地生产力和恢复退化草场的有效途径；要保护区域生物多样性，必须考虑放牧强度、地貌特征和草田科学管理等。

（四）强化草田轮作全产业链延伸构建

积极促进农牧交错地区草田轮作产业规模化发展，不断完善配套产业经营体系。增加绿色、有机、安全、特色农产品生产供给，打造符合市场需求的地方特色品牌，促进电子商务平台和大数据在草田轮作产品供应链的应用。不断强化地区产业链延伸，准确定位，科学引导，加强当地草畜产品精深加工企业的培育和引入。进行草田轮作全产业链技术创新，促进域外著名的牧草产品精深加工企业积极向农牧交错地区扩展，大幅度提高饲草产品的质量和附加值，加快形成以科技创新为支撑的草田轮作产业发展新格局。积极拓展机械领域的科技合作交流，努力实现大、中型饲草加工机械和技术的自主创新，大幅度降低饲草生产成本。加强草畜一体化技术研发，提高饲草转化效率。

根据市场需求以及草田轮作研发技术的创新和推广应用，在产品创新方面，多元化研发以草田轮作为基础支撑的保健食品、医药、植物源农药、观赏、绿化美化、文化等相关延伸产业的产品，有利于延长产业链，提升价值链；鼓励与引导经营主体自主科技创新，推进产学研相结合的技术创新体系，促进科技成果转化。

五、建议

草田轮作一方面可改土增肥，减轻杂草和病虫危害，促进粮食丰收，为畜牧业发展提供大量饲料，一定程度上缓解了饲草料的短缺，实现了粮经饲的三元循环经济；另一方面可以控制水土流失，保护生态环境。但值得注意的是，当前，世界正迎来新一轮科技革命和产业革命，把握好草田轮作产业科技创新方向，解决目前制约我国草田轮作产业发展瓶颈，建议从以下 4 个方面入手：第一，加强牧草适宜性评价与引种决策支持系统软件的开发与应用；第二，加快草田轮作模型设计与兼顾生产生态的种养结合模式等智慧化和数字化发展进程；第三，建立科学的草田轮作制度和集成性科研成果；第四，强化草田轮作全产业链延伸构建。应用系统思维、工业化思维、和谐共生思维、三生融合思维设计草田轮作产业科技创新工作，快速提升我国草田轮作产业科技水平，增强我国草田轮作产业核心竞争力。

（李春艳、侯向阳，山西农业大学草业学院/农业农村部饲草高效生产模式创新重点实验室）

放牧栽培草地建植和利用科技发展报告

一、放牧栽培草地建植与利用现状

(一) 国外放牧栽培草地建植与利用现状

栽培草地所占草地面积的比重，是一个国家畜牧业发达程度的重要指标之一。建立栽培草地可以大幅度提高草地生产能力，改善草地质量，产草量一般比天然草原高2~5倍。栽培草地是畜牧业发展的基础资源和饲草保障，畜牧业发达的国家都十分重视栽培草地的发展，其栽培草地在整个草地中占有较大的比例（表7）。一般当栽培草地占到草地总量的10%时，畜牧业经济效益可以翻一番。

表7 畜牧业发达国家栽培草地面积

国家	栽培草地面积/万公顷	占天然草地面积比例/%
美国	3 200	13.0
加拿大	540	21.6
澳大利亚	2 667	58.2
新西兰	946	75.0
英国	713	70.0
法国	1 490	73.0
荷兰	123	90.0

1. 国土面积小，栽培草地占全部草地面积的50%以上

欧洲的栽培草地占全部草地面积的50%以上，范围从爱尔兰的87%到荷兰、比利时和丹麦的30%，牧草占全部饲草料的49%。英国的栽培草地占全部草地面积的70%，主要种植多年生白三叶、多年生黑麦草、鸭茅、猫尾草。英国自建立栽培草地后，畜牧业生产获得了较快的发展。荷兰的天然草地几乎全部改良为栽培草地，其中2/3以上种植多年生牧草，主要种植苜蓿、多年生黑麦草、三叶草、羊茅、猫尾草等。栽培草地的70%用于放牧，10%制作干草粉，20%制作青贮饲料。其发达的奶牛养殖业主要采用

"草地放牧+补饲"的饲养方式。

新西兰是一个多山国家,土地不易耕作,但气候温和,雨量充沛,适宜飞播和建立高度培育的改良栽培草地,以饲养羊、牛为主,是世界上草原畜牧业比较发达的国家。比较注重牧草品种的选育,根据当地土壤状况以及气候条件选育最好的牧草品种。经过100多年的努力,已建成栽培草地946万公顷,占整个草地面积的75%以上,占国土面积的60%以上,几乎覆盖了整个平原和丘陵。一般是70%的黑麦草和30%的红三叶、白三叶混播,全年产草量比较均衡,饲养家畜几乎全部靠牧草,是低成本、高效益的种草养畜典范。草地生产能力走在世界前列,栽培草地产量较高,平均3亩草地可养1只羊,高产草地1亩即可养1只羊。畜牧业依靠提高单产提升效益,在以放牧为主导的生产方式下,栽培草地的发展是畜产品增长的主要基础,草地管理水平高,放牧草地基本全部实现围栏化,并建立了完备的自动饮水系统,实施完备的划区轮牧措施。人工草场每半月即可轮牧1次,每公顷可养羊15~20只,高的可达25只以上。同时重视优良品种的培育,生物基因工程技术在牧草育种领域应用广泛,是优质牧草品种的主要世界供应商。为维持草地持久性,施肥作为草地管理基本措施之一,每年均施肥1~2次。

2. 国土面积和天然草地面积大,栽培草地占天然草地30%以上

澳大利亚十分重视栽培草地和草地改良,拥有栽培草地2 667万公顷,占全国草原总面积的58%,在全世界处于领先地位。种植牧草主要品种有紫花苜蓿、豌豆、三叶草、细叶冰草、猫尾草等,其中紫花苜蓿、豌豆、猫尾草主要用于调制青干草和饲料,每公顷产量在1.5吨以上;三叶草和细叶冰草混播草地用作放牧场,草质细嫩,适口性好,耐践踏,耐牧,具有良好的再生能力。其放牧型草地畜牧业发展成熟,发展模式因地制宜,草地管理技术先进,家畜育种技术发达,质量控制体系健全,草畜结合紧密,生产力水平高。放牧草地基本全部实行围栏和划区轮牧、季节性休牧,在牧草返青到生长旺盛时期,仅用20%左右的小区放牧,其他小区全部禁牧,给牧草提供一个充分的生长发育机会,使其达到最大生物量,待牧草停止生长时,实行轮牧。每年进行一次轮换,5~6年为一个轮换周期,既发挥了草地资源的最大生物量,又给牧草提供了休养生息的机会,保证了草原资源的永续利用。通过围栏对草地实施不同梯度的放牧管理,使草地得到合理的利用和有效保护,促进草地的可持续利用,对不同畜种、不同生长发育阶段、不同生产性能的家畜进行有效的分群管理。因牧场草地面积大,主要采用高强度高频率放牧方式来维持草地高质量和高产,利用放置饮水槽或盐砖等规划放牧路线。实行划区轮牧提高载畜量20%,畜产品增加30%。在不补饲放牧条件下,奶牛年产鲜奶5吨以上,肉牛18月龄体重可达350千克以上,大大降低了饲养成本,提高了牧场的经济效益。

美国有栽培草地3 200万公顷,约占天然草地面积的13%,此外1.8亿公顷耕地中有7 300万公顷用于豆科牧草与农作物轮作,两者占全国草地的30%,栽培草地年产干草1.3亿~1.5亿吨。由于采用轮作制,提高了土壤肥力,培肥了地力,确保了占耕地面积2/3~3/4的粮食作物连年高产,极大地促进了农牧业的发展。同时生产干草促进了草产品的发展,带动了草产品的出口。农场土地中的41.5%种植饲草,其中苜蓿的

种植面积占栽培草地总面积的41%~44%，产量占总产量的57%~58%，还有三叶草和猫尾草、苜蓿与高牛尾草的混播草地。在种植技术上，测土调整酸碱度技术、精细播种技术、根瘤菌接种技术、杂草防除技术、大田灌溉技术、适时收获技术、轮作技术等得以迅速推广。

加拿大有栽培草地540万公顷，相当于天然草地面积的21.6%。6 700万公顷耕地中有2 800万公顷用于牧草生产，其中有2 000万公顷栽培草地和天然草地用于放牧，其余730万公顷生产干草和饲料作物，在这些栽培草地中，448.8万公顷是苜蓿或苜蓿混播草地（表8）。种植多种豆科和禾本科牧草，种类因地区而异，主要禾本科草种包括猫尾草、无芒雀麦、草地雀麦、冰草、高羊茅、鸭茅和披碱草。混播采用豆科草种，主要有苜蓿、红三叶、杂三叶和红豆草。放牧栽培草地采用混播，实现高产和提高家畜利用效率。

表8 加拿大牧草利用情况

牧草类型	面积/万公顷
栽培草地	540.0
天然放牧地	1 533.6
苜蓿或苜蓿混播草地	448.8
其他栽培饲草或饲料地	280.0
用于生产种子的草地	32.2
总计	2 834.6

3. 国土面积大，天然草地面积也大，基本是靠天养畜

蒙古国国土面积相对较大，栽培草地面积相对较少。但随着对畜产品需求的日益增加，栽培草地的重要性越来越被人们认识，栽培草地近年来发展也较快。

4. 南美洲自20世纪70年代以来，栽培草地面积正在逐年扩大

南美洲的潘帕斯草原一半以上的面积已被改良为栽培草地，进入现代化经营时期。特别是20世纪70年代以来，南美洲有约2 000万公顷的热带森林，特别是亚马孙河流域不适合农作物的热带雨林被改建为栽培草地。

5. 栽培草地生产力差异较大

英国、爱尔兰、德国和波罗的海的栽培草地生产水平为5~8吨/公顷（以干物质计），而丹麦和荷兰则高达10~12吨/公顷（以干物质计）。西欧和北欧的栽培草地每年可获得奶9 000升/公顷或牛肉950千克/公顷。东欧和俄罗斯栽培草地干草总产量1.34亿吨，平均单产约2.72吨/公顷。在北美洲，美国栽培草地年产干草1.3亿~1.5亿吨，每年生产干草2 500万吨。

6. 栽培草地放牧利用技术

栽培草地放牧利用普遍存在于发达国家，以欧洲北部和新西兰最为典型。此类放牧系统不仅投入/产出比高，收益可观，而且系统内部物质循环通畅，牧草吸收的营养约有70%~90%通过放牧家畜的排泄物返还土壤。发达国家用于放牧的栽培草地面积占耕地总面积普遍超过50%，例如，英国60%以上的耕地均是永久性放牧地，以多年生黑麦草单播与白三叶混播为主；法国60%的栽培草地用于放牧牛羊，以三叶草与多年生黑麦草/羊茅的单播或者混播为主；荷兰70%的栽培草地放牧奶牛；加拿大20%的栽培草地为苜蓿，其余为无芒雀麦、鸭茅等，50%以上的栽培草地为放牧利用，兼有割草。与传统牧区相比，发达国家的栽培草地放牧系统不仅可以减少放牧家畜冬、春季饲草短缺的局面，还可以为家畜提供优质饲草，有助于提高家畜生产力及畜产品品质。

日本确立的兼用利用方式是第1茬草或第1、第2茬草刈割利用，然后放牧利用。这种利用方式需要可以使用割草机械的土地条件，当土地不具备机械作业条件时，可在春季时增加放牧的数量，此后在草生长稳定后减少头数，保持牧草处于短草阶段。将放牧区域划分为若干小区轮牧，缩短每个小区的放牧时间，可减轻践踏和选择性采食，提高采食效率。可采用设置和移动便捷的电围栏进行放牧管理。放牧面积不足时，需要缩短每天的放牧时间、增加青贮饲料和配合饲料等补充饲料的饲喂量。在放牧地管理技术方面，日本目前较为重视放牧草种的选择与施肥管理技术的研发。集约放牧利用适宜放牧的高营养价值草种十分重要，除多年生黑麦草、猫尾草、草地羊茅、鸭茅、高羊茅等重点草种外，低投入永续性放牧大多采用结缕草、狗尾草、竹类等野生牧草和草地早熟禾，采用划区轮牧。在水田等条件复杂的草地，需要从耐水淹、坡地土壤保持能力等方面综合考虑，日本目前已育成了土壤覆盖快的结缕草品种和土壤保持能力强的假俭草作为放牧利用草种。此外，在地理条件不适合进行集约放牧的地区，日本还形成了因地制宜的多元化放牧技术。近年来，在山地、撂荒水田、果园等弃耕地正在普及农户水平的放牧。经评价表明，利用撂荒水田等实施的低成本家畜生产技术具有可观的经济性。利用上述公共草地、撂荒耕地、林地等，确立充分发挥地域饲料资源的放牧技术也将成为重要的开发方向。

（二）国内放牧栽培草地建植与利用现状

1. 栽培草地发展现状

我国虽然人工种草的历史悠久，但栽培草地建设仍处于发展初期，新中国成立后才逐步受到重视。20世纪70年代建立的青海铁卜加草原改良试验站的老芒麦栽培草地、甘肃金强河牧草试验站的老芒麦+垂穗披碱草栽培草地等，20世纪八九十年代北方紫花苜蓿、沙打旺等栽培草地，甘肃中东部的红豆草单播草地、红豆草+无芒雀麦混播草地等，南方草山草坡开发建立的红三叶+白三叶+黑麦草+鸭茅混播草地等。近年来，在河北坝上建立的无芒雀麦、披碱草、老芒麦、冰草、新麦草、杂花苜蓿、燕麦等栽培草地，内蒙古毛乌素沙区的羊柴栽培草地等。在建立的栽培草地中，为维持群落的稳定性,大多采用豆禾混播,使草地群落结构趋于合理,延长利用年限。北方以羊草、无芒雀麦、披碱草、冰草、草木樨、草原2号苜蓿、沙打旺等优质牧草进行单播或混播建立栽培草地,南方常见用三叶草属与黑麦草等混播。

与畜牧业发达国家相比,我国栽培草地的规模还比较小。随着栽培草种不断增多,各类牧草或饲料作物种植面积也在不断扩大,在畜牧业发展、生态环境保护和恢复乃至草田轮作中发挥着越来越重要的作用。到2009年中国栽培草地已由1982年的86.7万公顷增加到2 866.7万公顷,增加了32.1倍,占天然草地的比例也由1982年的0.22%上升到2009年的7.17%(表9)。据《中国草业统计(2022)》统计,2022年全国人工种草保留面积999.85万公顷,当年新增499.33万公顷,其中一年生牧草471.1万公顷、多年生牧草28.23万公顷。耕地种草342.3万公顷,当年新增耕地种草314.7万公顷。优质饲草产量超过8 200万吨,其中商品草产量超过1 000万吨,有力支撑了牛羊规模养殖发展。在河西走廊、北方农牧交错带、河套灌区、黄河中下游及沿海盐碱滩涂区建成了一批饲草产业集群,粮草轮作、果草套种、豆禾混播、盐碱地种草等多元化饲草生产模式广泛推行,草畜配套更加紧密。

表9 中国栽培草地面积变化

年份	栽培草地面积/万公顷	占天然草地面积比例/%
1982	86.7	0.22
1985	486.4	1.22
1995	1 380.0	3.46
1997	1 548.0	3.87
2003	2 133.3	5.33
2005	2 667.0	6.67
2006	2 533.0	6.33
2009	2 866.7	7.17
2022	999.9	2.50

2. 主要栽培饲草面积

到2022年年底,栽培面积较大的前10种牧草分别为紫花苜蓿(1 840.47万公顷)、紫云英(168.69万公顷)、柠条(110.87万公顷)、沙打旺(65.72万公顷)、饲用玉米(57.05万公顷)、羊草(40.37万公顷)、饲用大麦(35.85万公顷)、老芒麦(23.03万公顷)、一年生黑麦草(18.32万公顷)、披碱草(13.86万公顷)。

我国栽培的草种有20余种,但商品饲草市场主要集中在6个草种,即紫花苜蓿、青贮玉米、燕麦、羊草、多花黑麦草和狼尾草,生产面积和产量分别占全部商品饲草生产的91.8%和93.5%。在重要的6种商品草中,紫花苜蓿、青贮玉米、燕麦种植面积占比分别为43.2%、20.2%、8.2%,产量分别占6种商品饲草生产总量的42.5%、

43.5%、8.2%。

3. 栽培草地放牧利用

栽培草地放牧利用在我国黄土高原、甘肃河西走廊内陆盐渍区、南方岩溶地区及华北农牧交错带等区域均进行了尝试，并初步取得了增强农作物产量、改善生态环境的显著效果。在我国云贵高原以绵羊、奶牛或者山羊进行轮牧，生产与生态效益显著。

通过十几年的试验示范，在南方建立的三叶草、黑麦草、鸭茅等混播草地及非洲狗尾草、狼尾草、象草等高产人工草地获得成功，生产能力可以达到新西兰的人工草地水平；引进的黑白花奶牛在长年放牧条件下，年产奶量可达4~5吨/头，细毛羊、肉牛生长状况良好。2017—2018年，阿鲁科尔沁旗探索出了混播人工草牧场划区轮牧模式。通过建立苜蓿+无芒雀麦+披碱草+羊草混播人工草地，初步开展了人工混播草地建植与利用技术系统研发，攻克了混播人工草地建植与管理、本地优良家畜划区轮牧、家畜繁殖特性、生产特性及放牧与舍饲有机结合等一系列技术难点。实施效果表明，通过建立小规模优质豆禾混播人工草地进行本地优良畜种划区轮牧，使大面积天然草地得以休养生息，草地亩产由50千克提高到450千克，草地载畜量提高了8~9倍，示范户亩增收465.48元。该模式初步实现了小面积建设大面积保护的目标，平均每户建设13.3公顷草地就可以使133.3公顷退化草场得以休养生息，用小面积建设高标准人工草地解决了牧民生产生活问题，使大面积严重退化沙地得到保护，找到了解决牧区人民生产生活与生态保护这一矛盾的有效途径。

2020年贵州黄牛产业集团德江县有限责任公司在德江县长丰乡米阳山，流转斜坡荒山荒坡133.3公顷，建植人工多年生豆禾混播型放牧草场。发展划区分片、围栏轮牧、"五自一体"、封闭式内循环、自繁自养型贵州黄牛放牧养殖新模式。因地制宜，划区分片建制围栏放牧单元，实施露营轮牧，切实探索降低能繁母牛养殖成本新模式。坚持"生态优先、草畜平衡"原则，通过划区轮牧、放牧补饲方式，实现草地资源合理开发利用，对长丰乡米阳山草场、泉口万亩草场等肉牛放牧型人工草地实施提升改造和围栏轮牧利用。发展肉牛放牧型人工草地0.8万公顷以上，示范带动全县重点选择2公顷以上相对集中连片的草山草坡或撂荒土地，建设规模适度的围栏轮牧能繁母牛家庭牧场人工草地。

（三）山西省栽培草地及放牧利用现状

近年来，山西省积极发展草牧业、粮改饲和振兴奶业苜蓿行动等项目，带动了栽培草地的快速发展。截至2022年年底，人工种草保留面积12.39万公顷，当年新增9.76万公顷，其中一年生牧草9.39万公顷、多年生牧草0.37万公顷，当年新增耕地种草3.64万公顷。优质干草产量152.56万吨，青贮量189.3万吨。多年生饲草种植保留面积2.99万公顷，其中紫花苜蓿2.74万公顷（当年新增0.35万公顷）、其他饲草0.25万公顷（当年新增0.013万公顷）。一年生饲草中青贮玉米8.3万公顷、饲用燕麦0.5万公顷、饲用小黑麦0.2万公顷、饲用高粱0.05万公顷、箭筈豌豆0.04万公顷。

山西省不仅产业政策扶持栽培草地建设，而且加大了草牧业科技创新示范推广力度，示范推广了青贮玉米深松密植高产、喷灌滴灌高效节水、牧草病虫害综合防治、青贮玉米套种豆类、粮草轮作等种植技术和"小麦+青贮玉米""小麦+饲用大豆""青贮玉米+燕麦""青贮玉米+饲用小黑麦""青贮玉米+苜蓿"等复种模式，发挥科技支撑作用，提高了优质饲草产量和质量，极大地促进了栽培草地的快速健康发展。

尽管栽培草地发展较快，但用于放牧利用的栽培草地较少，近年来仅在雁门关区域有小面积的试验示范。20世纪80年代沁水示范牧场先后引进了124个草本植物品种，通过试验，紫花苜蓿、无芒雀麦、鸭茅、小冠花、三叶草等24个品种在牧场推广种植。通过人工草场和改良草场，种植了近万亩优良牧草，开展了放牧利用试验示范，取得了显著的成效。近年来山西农业大学草业学院研究团队依托建立的不同放牧强度实验平台，通过多年野外监测不同放牧强度（对照、轻度、中度和重度放牧）下草地土壤养分、呼吸及其组分的动态变化特征，探究了放牧影响土壤的机制等。

（四）放牧栽培草地科技创新情况分析

利用中国知网检索近20年来我国草地放牧的学术期刊论文为3 162篇、学位论文为791篇、会议论文为158篇、鉴定成果为97件。其中涉及放牧强度的有632篇、放牧制度的有105篇、放牧方式的有120篇、放牧对土壤影响的有799篇、放牧对草地植被影响的有241篇、放牧对家畜生产性能影响的有754篇，而涉及栽培草地放牧利用的仅有56篇。我国对栽培草地的放牧管理研究不充分，多集中于小尺度产量与品质研究，缺乏农场尺度的生产力机制研究。对放牧栽培草地系统的生产力研究较少且多集中在植物生产方面，尽管在黄土高原、河西走廊、西北和贵州喀斯特地区开展了一些作物—家畜综合系统农作物、牧草和天然草地的耦合研究，仍缺乏对草畜互作机理和栽培草地放牧系统生产力的深入研究。

长期以来，我国北方的栽培草地主要用于割草或种子生产，"十五"以来，利用中国农业大学培育的耐牧性新麦草建植栽培草地，通过北方放牧型栽培草地划区轮牧及不同放牧强度和放牧周期对牧草产量、质量、再生及土壤特征研究，在放牧草地生态系统中土—草—畜间的物质分配、氮素平衡和家畜增重关系研究方面取得了进展，提出了北方高寒地区放牧型栽培草地的最佳草种组合、最佳放牧强度和最佳经济生态效益模式。利用"新麦草+紫花苜蓿+无芒雀麦"建植的放牧型草地，进行划区轮牧，当牧草利用率控制在65%左右时即可实现可持续利用，放牧羔羊在当年10月中旬体重可达40千克，实现了羔羊当年育肥出栏，达到畜牧业发达国家的同类水平。研究表明，放牧可提高白三叶草组成，抑制杂草生长，降低混播草地涠落物、枯死损失，增强黑麦草和白三叶草种群生长的正感应作用，适度放牧利于混播草地中黑麦草、白三叶草组成结构的稳定，维持混播草地的高生产力。

二、放牧栽培草地科技发展面临的瓶颈与挑战

栽培草地在我国仍属于弱小产业，可利用的土地资源比较贫瘠，种植环境和条件都弱于农作物和经济作物，放牧栽培草地的发展更是如此，产业历史短、应用先进技术的

能力和资本都比较欠缺。目前我国依靠草地放牧的人均畜牧业总产值不足总体的10%，与农业强国仍有较大差距。有研究表明，世界上用于农业生产的土地中，栽培草地对全世界畜产品生产贡献度约为35.41%，在畜牧业发达的高收入国家及地区，栽培草地与天然草原面积比一般不低于0.10∶1，比如，美国为0.25∶1、澳大利亚为1.38∶1、新西兰为2.23∶1、荷兰为4.00∶1，而我国栽培草地与天然草原的面积比仅为0.03∶1，将改良草地划入栽培草地，该比例也仅为0.05∶1。目前，我国的栽培草地占比还较小，放牧利用的栽培草地更少，加之南北和东西跨度较大，自然条件复杂，栽培草地类型多种多样。科学地认识不同类型的栽培草地，正确借鉴国内外先进的栽培草地培育经验，能够更有效地促进栽培草地的发展。当前，放牧型栽培草地的发展仍然面临很多挑战。

（一）放牧型栽培草地利用认识不足

放牧是草地利用的主要方式，在科学补饲情况下，澳大利亚草地生产力可接近每亩1头牛的水平，亩产达300千克畜产品。随着科技进步及我国城镇化速度加快，农牧区劳动力日益紧缺，草地高效利用获得畜产品高效生产成为现实，放牧将成为草地畜产品生产方式的必然选择。另外，我国雨热同季的气候特点和多山地形地貌等，导致我国大部分地区牧草干草等草产品加工能力有限，加工成本高且效益低。放牧型草地畜牧业是最佳的草地生产模式，但在我国仍存在产业历史短、应用先进技术的能力和资本都比较欠缺的问题。我国放牧栽培草地发展整体起步较晚，生产经营体系尚不完善，技术装备支撑能力不强，也缺乏健全配套的政策保障体系支持。对放牧利用在优化农业结构、保障粮食安全上的地位和作用，尚未达成广泛共识，部分地方顾虑多，进一步发展面临不少制约。

（二）放牧型栽培草地科技创新不足

目前我国放牧栽培草地科技创新还存在小而散、应用不足、突破性成果稀缺的问题。一是种植基础条件较差。饲草种植多在盐碱地和坡地等，建设投入少，设施条件差，建植难度大。二是良种支撑能力不强。我国审定通过的草品种中，大多为抗逆不丰产的品种，适宜放牧的耐牧性品种严重缺乏，种质资源挖掘不够，良种扩繁滞后，总量供给不足。三是人工混播草地建植成本高，成功率低，适用机械缺乏，养分管理不精准，杂草防控难，草地生产潜力发挥不够。四是草地放牧技术利用严重不足，生产上基本没有执行划区轮牧或有计划放牧，草畜生产过程不配套，放牧和补饲技术落后，草畜转化率低，没有建立草饲畜产品生产过程和质量标准，草地放牧利用的经济和生态效益核算还不是很清晰，草地利用效率不高。

（三）放牧型栽培草地产业发展科技与政策协调性不足

随着我国农业产业结构不断优化、生态保护不断深化和畜牧业不断发展，特别是奶业对优质饲草需求量不断增加，栽培草地规模得到快速增长。栽培草地在实现草业现代化、促进畜牧业优质高效发展、构筑生态安全屏障和建立食物安全保障体系中的基础地位和重要作用正在凸显。但与草地农业或畜牧业发达国家相比，我国的栽培草地发展水平还有一定的差距，突出表现为牧草没有像其他作物一样得到重视和应有的待遇，一些地方将种草与种粮人为对立起来，错误认为耕地只能种粮不能种草，对耕地种草进行限制。导致栽培草地基础设施还比较薄弱，建植规模还比较小，生产力水平不高。目前，由于草地退化和生态环境治理的需要，我国在多个省份执行全省禁牧或部分禁牧政策，导致农牧民畜产品生产成本大幅上升。需要因地制宜推行放牧型草地畜牧业生产经营模式，在有条件或条件成熟的地方，出台鼓励计划放牧或划区轮牧政策。放牧栽培草地科技发展跨多个部门，政策和项目支持亟待加强。

三、放牧型栽培草地科技支撑的重点领域与前沿技术

（一）耐牧性草种和品种与资源挖掘及选育

对放牧型栽培草种尤其是要加强对放牧型混播草种和品种与资源的挖掘及选育，将耐牧型混播草种及品种的选育特别是在连续强度放牧下的植株存活率作为选育标准和评价方法。国外从 1990 年以来在连续强度放牧下选育出苜蓿品种 Alfagraze 以来，用这种方法育出的耐牧型新品种已有几个，这些品种不仅耐牧性强而且抗病虫力强、产草量高、适口性好、寿命长。但在我国，耐牧性牧草品种缺乏已成为影响放牧型混播草地持久利用的一大限制因素，耐牧性牧草品种的选育仍将是今后放牧型栽培草地科技支撑的重点领域育种工作的一个主要方向。同时必须大力加强旱作品种的培育，以挖掘本土牧草优异资源为主，选育和扩繁抗旱、抗寒、耐牧型牧草品种。

（二）放牧型栽培草地建植管理技术

在栽培草地牧草高产、优质生产技术方面，国内外主要围绕水肥调控开展了一系列研究与实践，以肥料调控研究最多，并取得了重要进展。关于施肥对牧草生长影响的研究主要集中在施肥种类、施肥时期和施肥量的调控等方面。多数研究表明，施肥是提高牧草产量的有效措施和重要因素，氮磷钾和微量元素均可有效提高牧草产量和品质，但在不同地区间、年份间、品种间表现出很大差异，且与种植密度、灌水及栽培管理措施也有一定的关系。国内外学者围绕草地的灌溉主要对牧草的需水量、水分利用效率、灌溉时期、灌溉制度等开展了大量研究，表明合理灌溉能增加各茬次及全年干草产量。在草地建植模式研究与生产方面，一年生及多年生牧草混播组合、比例和建植方式等混播技术与豆科饲草间套种和草田轮作技术应用研究较多。

豆禾间套作技术也是国际栽培草地研发前沿。澳大利亚致力于发展一种综合性农作物种植和草地放牧相互交替的谷物生产与畜牧生产相结合的农牧技术。发展有机和可持续畜牧业以及生物多样性是欧洲国家栽培牧草耕作技术发展的前沿。发展非机械化、非现代化和绿色农牧业是近年来美国牧草耕作技术发展趋势，主要包括抗生素、激素、化肥、农药减少使用等。保护当地植物和生物多样性是非洲国家牧草耕作的技术发展前沿，采用政策主要包括植物基因资源的保护和评估等，注重豆科牧草研究。部分亚洲国

家将养殖业和农牧业生产相结合，同时普遍注重农牧业发展和管理、肥料应用、耕作技术提高、杂草控制、集雨和地膜覆盖种植牧草。

多数研究表明，作放牧利用的混播草地，以复杂混播较好，用 5~8 种牧草混播，其中最好有 2~3 种豆科牧草。作刈割草地，以单一或 2~3 种牧草混播为宜。各国常用的混播组合有多年生黑麦草或鸭茅与白三叶混播、红三叶与猫尾草混播、羊茅或无芒雀麦与苜蓿混播、燕麦与豌豆混播等。总结国内外豆禾混播比例，发现大种子的豆科牧草与禾本科牧草最佳混播比例为 1∶1 或 3∶1，而小种子的豆科牧草与禾本科牧草最佳混播比例为 1∶3。国外对栽培草地的利用，一是放牧，二是刈割调制青干草；管理技术上，主要采取限制载畜量、限制放牧时间、进行轮牧、施肥及调节土壤通气性等。国内栽培草地主要用于割草地利用，草地管理主要体现在牧草刈割时期、留茬高度、刈割次数、轮刈等方面。

因此，要因地制宜推行混播饲草放牧利用，加强对混播草地高效种植技术和机械、优化混播比例与管理等技术的研发。加强提高种子萌发率、增强苗期抗旱性、提高返青期抗寒特别是倒春寒能力、田间杂草防控技术研究，以"混播+补播"发挥牧草补偿性生长优势，实现增强产量和群落可持续性的管理。研究适用于旱作草地农业特点的牧草收获技术和适应旱作草地的种子包衣剂、土壤保水剂、除草剂、专用肥料（菌肥）等。在部分北方农牧交错带丘陵地区，建植高质量混播放牧饲草地，开展划区轮牧。在南方地区将产出效益低的天然草山草坡、低缓坡耕地和撂荒地改造成人工草地，种植多年生黑麦草、鸭茅、三叶草、臂形草、柱花草、狼尾草等多年生饲草品种，发展优质混播饲草生产。有条件的地方探索推广豆科与禾本科饲草混播混收混贮模式。

（三）放牧型栽培草地的可持续放牧技术——控制放牧技术

放牧是连接草地植被、土壤和家畜的主要环节，对草地生态系统的结构和功能产生深刻、长期的影响。草地生态系统功能的维持和发挥与放牧管理的调控密切相关。放牧管理是草地管理的重要环节，可以分为集约化的放牧管理和粗放的放牧管理。放牧管理不仅需要考虑放牧的基本理论和放牧技术，还需要考虑不同区域的放牧管理实践，在充分认识不同区域放牧系统的基础上，实施有效的放牧管理措施，实现草地的可持续管理。

草地放牧管理对草地植被、土壤、家畜的影响是放牧生态学和草地经营管理学研究的重要领域。国外针对放牧对草地群落植被特征的影响、家畜放牧与草地植物物种多样性之间的关系、家畜放牧后植物补偿性生长机制、放牧对植物种群生殖、草地土壤理化特性、种子库及微生物特性的影响以及对家畜生产性能的影响进行了大量的研究。

放牧制度是草地用于放牧时的基本利用体系，规定了家畜对放牧草地利用的时间和空间上的整体安排。国内外对放牧制度的研究已有 200 多年的历史。早在 1798 年，欧洲就有学者描述了划区轮牧，1887 年南非开始提出了划区轮牧，美国自 1950 年以来，众多研究者和经营者都把特定的放牧制度作为主要热点问题来讨论和研究。在 20 世纪 50—60 年代，延迟轮牧的放牧制度受到大量关注；20 世纪 70 年代，休闲放牧、轮流放牧在美国被广泛应用在西部山区的公有土地上，至今延迟轮牧和休闲放牧都在应用，特别是在山区。到了 20 世纪 80 年代，小区放牧成为放牧制度中的最新热门话题。由于各国学者研究的立地条件及试验方案不同，所得结果不尽相同，因此，对划区轮牧制度的优劣存在不同的看法。经过多年的大量研究和对各种放牧制度的权威评论表明，划区轮牧条件下牧草利用率较高，因而可以通过提高载畜量来提高单位面积草地的家畜生产。在高载畜率或牧草供应相对短缺的情况下，划区轮牧才显示其优越性，我国对划区轮牧的研究大都支持这一观点。但是，我国的这些研究多数为小区试验，结合生产实践的大尺度范围内的划区轮牧研究很少。

草地放牧制度不仅反映畜牧业生产的特征，也是影响植物种群生长，进而对植物群落结构和生态系统功能产生影响的关键因素。草地放牧制度的选择，直接影响草地资源的可持续利用、草地环境质量以及牧户经营收入。目前，世界各地对放牧制度的争论一直没有停止。实际上，有关放牧制度的基本原理还没有得到很好的深入、系统的研究，加上放牧制度本身的复杂性，放牧制度的系统研究是必要的。目前，存在两大类不同的放牧制度，即划区轮牧和连续放牧，不同的放牧制度又可以细分一些不同的放牧方式。基于对文献的分析显示，划区轮牧在湿润草地放牧场最有可能增加单位面积的家畜生产力，这些湿润地区平均年降水量大于 500 毫米，而在平均年降水量少于 300 毫米的地区，划区轮牧家畜生产力不及连续放牧。

世界上通常应用的放牧制度有以下不同的放牧方式：连续放牧、延迟轮牧、Merrill 3 群/4 区放牧、季节适宜性放牧、休闲轮牧、高密度/低频率放牧、短期放牧等。当前，草地放牧技术研究热点主要包括混合放牧和划区轮牧。混合放牧可在同一放牧地同时放牧两种以上的家畜，或先放牧对牧草敏感的家畜，再放牧其他家畜。划区轮牧主要包括一般的划区轮牧、更替放牧、昼夜放牧、暖季宿营放牧、日粮放牧和分段放牧等。国外对放牧制度的研究已有百年历史，草地划区轮牧制度起源于西欧。早在 18 世纪末期，苏格兰人对划区轮牧就进行了描述。19 世纪，美国把划区轮牧作为改良草地的一种有效措施进行了研究。20 世纪以来从最初的简单延迟放牧开始，到后来的精细轮牧体系设计，以及短周期强牧轮牧系统。美国和世界其他地区在划区轮牧的基础上又发展出许多特殊的放牧制度，包括延迟轮牧、休闲轮牧、季节适宜性放牧、高密度/低频率放牧、短周期放牧、最佳放牧场放牧和 Merrill 3 群/ 4 区放牧等，划区轮牧在方法和形式上得到了长足的发展。现在，世界范围开展了划区轮牧与自由放牧的比较评价，划区轮牧在欧洲、新西兰、南非已被普遍接受，在美国、澳大利亚、加拿大等国的部分地区也实行了划区轮牧制度。

我国对划区轮牧研究相对较晚，20 世纪 50 年代初在宁夏和青海进行了划区轮牧研究，1959 年任继周先生对划区轮牧的理论和方法做了系统全面阐述。1980 年以来，由于草地的快速退化和草畜矛盾的日益突出，国内对季节性休牧技术、放牧率调控技术、放牧制度优化、放牧方式优化等划区轮牧技术的研究逐渐增多。这些研究大都肯定了划区轮牧的优越性，合理的放牧制度可以恢复草地生机，提高草地效益，保持草地生态平衡，使草地得以永续利用。

中国农业科学院北京畜牧兽医研究所饲草团队近年来研发出了混播人工草地全草型

集约化肉羊放牧育肥技术模式。以建植的优质混播人工草地为基础，采用划区轮牧的全放牧饲养方式，通过草地质量和产量目标管理，建立混播人工草地全草型集约化肉羊放牧育肥技术模式。筛选出优质牧草组合比例，按照干物质计算，每千克牧草的代谢能可达到11兆焦/千克，粗蛋白质含量达到18%以上。利用划区轮牧支持系统软件，科学确定放牧的起止时期，提高牧草利用效率。该技术模式可实现平均日增重200克，在华北平原区按照放牧季5个月计算，每亩可饲养3只育肥羊，每只羊可增重30千克。与此同时羊肉中多不饱和脂肪酸比例（$n-6:n-3$）小于4，羊肉更有利于人类的健康。以紫花苜蓿混播草地为基础的全草型肉羊放牧育肥技术具有广阔的应用前景，对我国苜蓿产业以及草地畜牧业发展具有重要意义。

近年来阿鲁科尔沁旗重点发展节水灌溉混播人工草地划区轮牧模式，该模式建立以"苜蓿+无芒雀麦+冰草+披碱草"为主的豆禾混播人工草地放牧肉牛（羊），实行夏秋季节划区轮牧、冬春季节舍饲的生产经营模式。通过为期4年的草地建植、管理与可持续利用技术研究与效益评价，初步总结出适用于我国北方的生态生产兼顾的草牧业创新发展模式。根据项目地块草原生产力和放牧畜群的需要，将节水灌溉混播人工草场划分成4个轮牧区，每区放牧6天，24天轮牧1次，轮牧期为每年5月15日至10月15日，共5个月。研究表明，该模式下草地产量提高了20倍，牧草品质达到一级草水平，草地载畜量增加了10倍，家畜产出率提高40.3%，其经济、社会、生态效益显著。探索出了以家庭牧场、种养大户或牧民联户为生产经营主体，适合草原牧区种养结合，草畜平衡的可复制新型生产模式、脱贫模式。

宁夏农林科学院荒漠化治理研究所和中国农业大学草业科学与技术学院牵头实施的宁夏回族自治区重点研发计划项目"现代人工草地高效利用关键技术研究与示范"，项目针对草牧业竞争力弱、生产成本高、产业链不健全等突出问题，开展了现代人工草地优质高效生产关键技术和草畜高效转化技术体系研究，进行"固原山区梯田人工草地的建植及肉牛放牧"技术攻关，构建了雨养区放牧型混播草地建植利用模式，研究了黄土高原放牧型豆禾混播草地系统生产力，在固原山区梯田上建植了"紫花苜蓿+鸭茅""紫花苜蓿+高羊茅""紫花苜蓿+无芒雀麦"3种混播人工草地试验区20公顷，建植第2年开展肉牛轮牧试验。利用草食家畜作为高效的"生物割草机""生物转化器"的特点进行放牧利用，将采食到的牧草转化成绿色、优质的畜产品。研究表明"紫花苜蓿+鸭茅"组合牧草产量和家畜单位公顷增重最高，为该区域建植放牧型栽培草地首选组合。通过不同草种配置模式优化及控制性放牧技术应用，于每年5月中旬至11月下旬进行季节性放牧，繁殖母牛载畜量为4~6亩/（头·年），滩羊可达5~6只/（亩·年），实现纯利润1 300元/（亩·年），构建了低成本高效益的草畜一体化养殖新模式，减少了养殖过程中兽药施用量，对肉品安全及质量提升具有十分突出的效果。

针对呼伦贝尔地区草畜系统生产效益低的现状，中国农业大学草业科学与技术学院研究团队开展了季节性休牧技术的研发与示范，提出了以草定畜、年际间中期和晚期休牧交替进行的可持续放牧利用技术模式1套。该技术模式的实施促进了草地的可持续利用，较传统放牧模式提升绵羊的生产性能15%。

四、结语

当前，栽培草地放牧综合系统已成为我国现代化草地畜牧业发展的标杆与模式，在苜蓿混播种植中以苜蓿与其他豆科牧草、禾本科牧草，或者苜蓿与禾本科牧草按一定比例混合播种建植人工草地越来越受到重视。草畜结合和放牧历来是山西农牧交错带的传统及优势，草畜一体化发展是本区域草牧业发展的最大特色。山西现有耕地中低产田面积为173.96万公顷，占总耕地的42.92%，是面积分布最广泛、养分贫瘠、土壤干旱、水资源缺乏，并且最难以治理和改造的耕地，且大多为山坡地、盐碱地或沙地。这些耕地缺乏有机肥，主要靠施化肥来提高作物产量，因而造成生产成本上升、土壤肥力下降、利用过度、水土流失严重和土壤沙化，发展农作物普遍面临产量低且不稳、生产效益较差等问题。而利用低产田种草养畜和粮草轮作，在增加经济收入、培肥地力和提高产量方面均有明显效果。随着城镇化速度加快及生态移民退耕地较多，农村劳动力日益紧缺，草地高效利用获得畜产品高效生产成为现实，放牧将成为草地畜产品生产方式的必然选择。另外，雨热同季的气候特点和多山地形地貌等自然条件，导致草产品加工能力有限，加工成本高且效益低，放牧型草地畜牧业是此类区域的最佳草地生产模式。

因此，建议山西省设立专项加强草地放牧利用的科学研究，科学指导草地高效利用，生产安全有机畜产品。因地制宜推行混播栽培草地放牧利用，积极发展"低成本放牧+补饲"的低成本高效益肉牛肉羊适度规模养殖的生态草牧业发展模式。开展豆禾混播草地的建植与刈牧利用技术以及放牧条件下舍饲补饲技术研究，重点开展混播草地高效种植技术和机械、优化混播比例与管理等技术、养分一体化调控技术、划区轮牧与精准补饲技术等技术的研发，加强提高种子萌发、增强苗期抗旱性、提高返青期抗寒特别是倒春寒能力、田间杂草防控技术研究，以"混播+补播"发挥牧草补偿性生长优势，实现增强产量和群落可持续性的管理。

（石永红，山西农业大学动物科学学院）

退化草地修复利用技术发展报告

一、退化草地现状及成因解析

(一) 国内外草地退化现状

草地是陆地生态系统的重要组成部分,全球草地总面积为52.5亿公顷,约占地球陆地总面积的40.5%。草地不仅为种植业、畜牧业、食品业、医药业提供原材料或产品,同时还具有涵养水源、保持水土、防风固沙、固碳释氧、净化空气、保护生物多样性等多种生态功能,其中大部分生态功能转化为生态产品和服务,为人类提供福祉。尽管草地具有十分重要的资源价值和生态系统服务功能,但是全球约有49%的草地发生退化,造成温室气体排放增加、土地荒漠化和水土流失加重、生物多样性丧失加速等生态环境问题,严重影响了全球贫困地区的生态安全和人类福祉,甚至影响了全球的可持续发展。

我国是草地资源大国,根据第一次全国草原资源统一普查数据,草地总面积为4亿公顷,占国土总面积的41.7%;第三次全国国土调查数据显示,草地总面积为2.6亿公顷,占陆地面积的27.5%。近几十年来,受超载过牧、气候变化等因素的影响,我国草地发生严重退化,20世纪90年代末,全国退化草地面积在90%以上。进入21世纪,尤其是党的十八大以来,随着生态文明建设、美丽中国建设等国家重大战略的纵深推进,国家实施了退耕还林还草、退牧还草、草原生态奖补、草畜平衡等一大批草地生态建设工程项目,全国草地生态持续恶化的状况得到初步遏制。但是,当前全国草地生态系统整体仍较脆弱,保护修复力度不够、管理利用水平不高、科技支撑能力不足等问题依然突出,草地退化的总体局面并未全面扭转。据统计,全国70%的草地仍处于退化状态,30%左右的草地处于严重退化的状态。

(二) 草地退化的内因——生境脆弱性

草地退化是草地生态系统在演化过程中,其结构特征和能流与物质循环等功能过程的恶化,即草地生态系统的生产与生态功能相悖,造成结构紊乱、功能衰退的现象,既包括"草"的退化,也包括"地"的退化。草地退化是内因和外因综合作用的结果,草地生境脆弱性是草地退化的内部因素。草地生境脆弱性主要表现在其地表组成物质和地形特征的脆弱性和气候水热因子的匹配性差两个方面。青藏高原区由于寒冻等原因,土壤分化微弱，土层薄，土质疏松，易受风蚀、水蚀和融冻剥离，土壤侵蚀严重，土壤质地较差、肥力低下，使草地自身孕育着退化的内在因素；同时，该区草地多分布于高海拔地区，虽然水分条件相对较好，年降水量在300毫米以上，最高可达800毫米，但热量条件差，一般年均温在0℃，最低温度可达$-40\sim-30$℃，限制了草地植物的生长。黄土高原区地形复杂多样，高山、梁峁、塬地、沟壑、河谷和川地交错分布，草地分布区域的坡度较大，大多在20°以上，草地栏蓄、贮存降水的能力和草地抗践踏、抗侵蚀的能力较低，这是草地退化的基础；该区热量条件相对较好，但降水量较低，降水季节与年际变率大，暴雨频发，水分利用率较低，使草地牧草的生长发育受阻。蒙古高原荒漠化草原区，河西走廊及新疆荒漠绿洲区土壤贫瘠，物理化学性状不良（如沙物质含量高、砾质化及沙质化潜在危险性大、土壤干旱、有机质含量低等），存在引起草地退化的各种潜在因素；同时，该区光照充足，热量条件好，但干旱缺水、降水时空分配与牧草需水间的不匹配性增大了发生草地退化的可能性。

（三）草地退化的外因——全球变化和人为干扰

气候变化和人为干扰是草地退化的外部因素。气候因素虽然可以强烈影响草地的退化程度和速度，但气候变化是否为草地植被退化的主导因素，当前在我国草地生态学界存在两种截然相反的观点。观点一：干旱和半干旱草原的气候变化非常大，这里的生态系统在功能上表现为非平衡系统，其变化不是向确定的顶级状态发展，而是由一些不可预测的随机因素控制的，如降水、干旱、火烧等。一些认为是过度放牧引起的草原退化，实际上可能是草原植被对气候等随机因素变化的反应。观点二：首先，气候变化是一个漫长而复杂的过程，仅凭数十年的资料难以判断气候变化的趋势。干旱和半干旱地区所观测到的温度升降和降水量增减均在植物正常生长的范围之内，尚不足以引起草原的迅速退化。其次，因气候变化引起的植被变化应有渐进式的地带性推进特征，即草甸草原向典型草原、典型草原向荒漠草原带状推进。而目前草地的退化表现为全面的、以居民点为中心的点状发散式分布。因此草原的迅速退化难以归结到气候变化。草地退化的人为因素主要有超载过牧、开垦撂荒、滥采乱挖、滥用水资源、工矿道路建设和不合理的旅游开发。其中，超载过牧和开垦撂荒是普遍存在、且严重威胁草地可持续发展的首要因素。

从干旱、半干旱区植物地下部生长发育的情况来看，干旱年份植物地上部分生长受阻，甚至枯死，但多年生牧草的地下部能在干旱的条件下保持生活状态，一旦满足它的水分要求，就能形成地上部。此外，目前尚未见到草地大范围的带状渐进式退化现象发生。可见，气候变化引起的草地退化充其量是暂时的和局部的。气候变化引起的草地退化是暂时的，可以简单理解为自然胁迫下草地的休眠现象。相对而言，人为因素引发的草地退化是长期的和较普遍的，需要经过阶段演替才能恢复原状。因此，草地退化的主导因子至少在许多地区不是气候变化，而是人为因素。

二、草地植被和土壤质量退化评价研究进展

草地退化不仅包括植被的退化演替过程，而且包括土壤环境的恶化过程，因此选取的

评价指标应充分考虑植被和土壤环境变化的综合结果。植被指标包括地上生物量、植被盖度、顶极植物群落优势植物生物量、地下（根系）生物量。地上生物量包括草本植物生物量及木本植物当年嫩枝叶的产量，具体采用地面调查和卫星遥感监测两种途径获得。植被盖度具体指植物群落地上部分的垂直投影面积与样方面积之比的百分数，可以采用地面监测和遥感技术获取。顶极植物群落优势种对植物群落结构和功能的维持作用最大，其生物量变化状态可以直接反映植被健康程度，该指标可以通过地面样方调查获得。地下生物量的测定可以与地上生物量同步进行，主要通过植物群落全根系采集获得。

土壤指标包括土壤容重、土壤有机质和全氮。土壤容重是土壤的重要物理性状，综合反映了土壤质地、结构、紧实度等信息，其变化状态可以表征土壤物理性状的健康程度，可用环刀法测定。土壤有机质和全氮是土壤的重要化学性状，综合反映了土壤养分循环和地力状况，其变化状态可以表征土壤化学性状的健康程度，在草地植被调查的同时，可采集样地或样方内的土壤样品，在实验室内进行测定。

三、退化草地生态恢复主要技术和模式

（一）近自然修复技术

近自然恢复是指基于生态学理论，通过科学有效的人工辅助及管理措施，依靠自然生态过程，把退化生态系统恢复到物种组成、多样性和群落结构与地带性群落接近的生态系统，从而实现恢复后生态系统结构和功能的多样性、稳定性和可持续性。近自然恢复理念起源于19世纪的德国，近自然恢复并不是完全摒弃传统人工恢复，而是着眼于长期目标，以生态保护为前提，通过理念指导，将维护生物多样性和提升生态系统多功能性与多服务性作为首要任务，借助传统人工恢复措施，依靠自然生态过程，尤其是以生物多样性为核心的生态过程，进行可持续生态恢复。退化草地修复过程中，多通过建植单一物种或少数几个物种的人工草地快速恢复植被，虽然群落生产力水平大大提高了，但生物多样性低、生态系统固碳和水源涵养能力都不高。近自然恢复注重"基于自然""回归自然"，更多利用自然生态系统是自调节（self-regulating）系统的属性，引导退化草地生态系统重新进行组织，通过自我调节实现可持续恢复。因此，近自然恢复后的生态系统具有较高的生物多样性，能够提供更多生态系统功能和服务，并增加应对灾害风险的弹性。

（二）放牧调控技术

放牧是天然草地利用的主要方式，也是人类对草地生态系统最强烈的干扰途径。近年来我国针对不同放牧方式、放牧强度和不同草地类型开展了比较多的研究，并取得了一些阶段性的成果，但总体而言，在研究深度上仍相对比较薄弱。放牧可以通过改变草地群落的物种组成和生物多样性、改变生产力以及土壤的理化性质等，影响草地生态系统的结构和功能，作用效果也有正负两种情况。放牧强度、持续年限以及环境的波动是放牧生态效应的主要影响因素，目前研究多分析探索合理的放牧强度、方式以及管理办

法对主要生态系统建构要素的影响。但由于不同草地类型间存在差异，应针对草地自身的条件和动态特征加以评价，选取包含尽可能多的气候和草地类型，应用动态规划和系统优化模型，适应性管理，考虑长期可持续发展，建立草地放牧生态系统管理专家系统。另外，在放牧的草地生态系统中，植物—土壤、植被—家畜等界面的过程及机理研究应系统开展，从而为现存草场的维护、规划、退化草地修复提供理论依据。

目前对一些假说还存在较大的争论，比如放牧优化假说和生长冗余假说。这些假说的提出以前都是针对某个特定的生态系统，虽然在一些类似的生态系统中得到了论证，但在理论上还需要通过一些长时间大尺度放牧实验的验证，同时也需要在各个典型的草地生态系统中进一步验证。

不同牲畜对牧草种类及特定版块的喜好都会有偏向，但目前大部分放牧方式都存在牲畜单一的特点。结合各地的具体情况，通过不同类型牲畜的有机组合能有效提高草地利用效率，也能改变草地的养分平衡，还能提高牲畜的总产量。此外，动物的偏食性采食策略意味着提高植物群落多样性会提高动物对食物的消化能力及养分吸收能力，降低动物对食物的选择性，从而可以对植物更为均匀地取食。

目前放牧和全球变化结合在一起的研究还是比较欠缺。在大部分全球变化研究平台，放牧的模拟都是通过割草来进行，但人工割草和牲畜啃食对草地生态系统的影响存在较大的差别。单一的放牧实验没有把其他全球变化要素统合考虑。有研究表明，生态系统生产力在轮牧和连续放牧草地之间的差别只在干旱年份比较明显，在正常年份不明显。动物采食对植物的影响程度随着放牧方式、草地类型和气候要素而变化，因此如何综合考虑放牧和全球变化要素对生态系统的共同作用是未来研究工作的一个重点。

（三）人工种草修复技术

退化草地修复需遵循自然修复和工程治理相结合的原则，围绕群落优化配置、生物多样性及生态功能提升等问题，统筹推进草原生态改良与修复，分级精准恢复退化草原。对轻度退化的草地采用围栏封育的手段自然恢复；对中度退化草原采取人工补播种草的手段恢复；对重度退化草地进行人工改良修复等综合性治理措施。在充分考虑重度退化草地区域生态因素基础之上，通过播种、施肥、中耕、排灌、防治有害生物等综合的田间管理技术建立人工草地，改善群落成分、优化种群结构，进行田间科学管理，建成功能优化的人工草地群落。

选择适宜的草种是人工种草技术中的关键步骤，直接影响草原恢复的成功与否。在选择草种时，需要充分考虑当地的气候条件、土壤类型、水资源情况以及生态系统的特殊需求。耐旱和耐盐碱的草种在干旱和半干旱地区尤为适宜，能有效适应环境的变化，同时减少对水资源的依赖。混播多种草种可以增加草地的生物多样性，提高生态系统的抗干扰能力，同时优化草地的生产力，在选择草种时，还应考虑到草种之间的相互作用，如相互竞争和互补关系，以实现草地生态系统的长期稳定和可持续发展。

有效的人工种草技术需要考虑种子的播种密度、播种深度、播种时间以及后续的管理和维护措施。播种时间应根据当地气候条件和季节变化来决定，通常在雨季前后进行播种，利用自然降水促进种子发芽和生长。此外，适当的土壤准备，如耕翻和施肥对于种植能否成功同样重要，在播种后，定期灌溉和杂草管理可以提高草种的成活率和生长质量。为了防止土壤侵蚀和保持水分，还可以采取措施如覆盖作物或施用土壤稳定剂，在草地建立初期，限制放牧和人为干扰，以给予草苗充分时间生长和成熟，是确保草地恢复的重要环节。

近年来，随着草业科技的发展，人工种草技术在精度和效率上都有了显著提升，例如精准播种技术可以确保每粒种子都位于最适合生长的土层深度，从而提高成活率和生长效率。使用无人机进行播种，尤其在大面积或难以人工到达的草原地区，不仅可以提高播种效率，还能降低劳动成本。此外，种子涂层技术通过将种子包裹在营养和保护层中，能有效提高种子的抗逆性和萌发率，智能灌溉系统能根据土壤湿度和天气预报自动调整灌溉量，保证草种获得适当的水分，同时减少水资源的浪费。

四、草地适应性管理和可持续利用实践

（一）青藏高原高寒草地生态系统的适应性管理

青藏高原总面积 2.5×10^8 公顷，约占我国 26% 的陆地国土总面积，平均海拔 4 000 米以上，被称为世界屋脊。高寒草地占青藏高原总面积的 50.9%，不仅对畜牧业发展和牧民生活起到基础的支撑作用，而且具有调节气候、涵养水源、防风固沙、保持水土和固定碳素等生态功能效益，是我国的重要畜牧业基地和生态屏障。青藏高原独特的高海拔地形地貌特征、寒冷的气候条件和严苛的植物生长环境，致使高寒草地生态系统非常脆弱。青藏高原有约 4.5×10^7 公顷的草地发生了不同程度的退化，约占青藏高原 1/3 草地总面积的土地退化形势严峻。缓解和治理青藏高原草地退化，实现高寒草地的可持续利用，要求从单一的经济目标向社会、经济和生态的综合功能目标转变，用生态理论指导生产、生活实践，实现草地的科学管理，统筹兼顾，既满足畜牧业发展和牧民生活需要，实现最大的经济效应，又保护草地植物多样性和稳定性，维持草地生态系统正常的生态功效。规划、管理和实现以上目标，主要从 3 个方面进行。

首先，青藏高原草地的可持续利用需要实现草地生态系统生态功能、经济功能和社会功能的协调和统一。对草地进行了全局规划，根据不同地区的草地和社会经济特点，划分成生态保护优先区、生态保护—生产发展并重区、生产发展优先区等进行划区治理。有学者提出实施"南草北调"，在藏南水分条件好的地区发展牧草种植，供应藏北牧区发展畜牧业，实现区域优势互补，缓解藏北草畜矛盾，促进退化草地的恢复。

其次，科学养畜，优化畜群年龄结构、畜种比例。以草畜平衡为核心，依据草地生产力确定合理的载畜量、放牧强度和频率。改变传统粗放型、靠天养畜的放牧模式，实行集约化经营管理的生产方式，采取"春季延迟放牧，夏季游牧，秋季轮牧，冬季自由放牧"的放牧制度。根据草地生长的时空特点，发展季节性畜牧业，适当延长暖季牧场放牧时间和划区轮牧，提高草地的载牧率；通过冬季暖棚育肥，解决家畜营养需要和牧草生产的季节不平衡问题，减轻冬春放牧草地的压力，实现草地畜牧业的可持续

发展。

最后，全面完善并落实《中华人民共和国草原法》等法律法规，实施草地承包责任制，开展高寒草地适应性管理的专题培训和技术示范，培养一批有文化和技术的草地管理人员，实施科学、高效的草地管理制度和开发方式。建立高寒草地生态补偿机制，推行围栏草地、人工种草、定居点建设和暖棚建设的"四配套"计划，引导牧民正确管理和使用草地。

（二）内蒙古草原"小草"与"数字"双向驱动发展模式

内蒙古地处我国北部，总面积 118.3×10^4 平方千米，下辖 12 个盟（市）。地貌主要表现为高原，属温带大陆性季风气候，全年气温起伏较大，年均气温 0~8℃，降水量少且不均，年均降水量 50~450 毫米，自东向西分布着草甸草原区、典型草原区、荒漠草原区和草原化荒漠区等。内蒙古地域辽阔，草原面积 11.38 亿亩，占自治区总面积的 64%，占全国草原面积的 1/5。

为深入贯彻落实习近平生态文明思想和习近平总书记"保护草原、森林是内蒙古生态系统保护的首要任务"的重要指示精神，内蒙古引入数字技术，积极探索草原生态保护修复的网格化落责，数字化监管和法制化规范发展新路径。在草原生态保护方面，通过遥感技术，精准监测试点旗县区牧户的草场数据，建立健全"天空地一体化"草原保护监测监管体系，为超载过牧提供多源数据支持。运用无人机和人工智能技术，构建无人机禁牧监管牲畜识别模型算法，实现监测区域牲畜数量的精确识别与计数，为草原禁牧监管提供了强有力的技术支撑。为深入推进禁牧休牧工作，全面提升草原监管智慧化水平，在禁牧试点区域通过布设地面感知监控设备，结合视频牲畜识别算法，可实现禁牧区放牧行为的动态监测，确保过牧事件能够及时立案、任务迅速派发、处理结果及时反馈的闭环式高效处理，为草原生态保护筑牢坚实屏障。

此外，为高质量完成草原网格化巡护监管工作，小草数字化技术推出面向一线人员的智能终端及手机 App，草原网格监管人员只需通过手机进行日常工作上报与记录，执法人员和管理人员就能够迅速响应违法事件并掌握管理范围区域下的所有关键信息。在日常工作中可实现对于草原网格监管人员规范、高效、透明的系统化管理。草原网格化监管还增加了公众问题反馈途径，通过公众监督体系实现草原生态保护共建、共治、共享。

（三）山西省厚植生态底色的草原修复模式

山西省是全国 13 个草原资源重点省份之一，据第三次全国国土调查数据显示，全省目前共有草地 4 657.7 万亩。2020 年，山西省在全国率先出台了《山西省草原生态保护修复治理工作导则》，逐步为草原生态保护修复工作构建了政策法规保障体系、科技服务支撑体系、生态监测评价体系、生态修复标准体系、生物灾害防控体系。据山西省草地资源清查结果显示，2020 年年底，山西省草原综合植被盖度达 73.0%，高于全国平均水平 16.9 个百分点。

山西省坚持保护为先、自然修复为主、人工辅助干预相结合的原则，以黄河流域和北方农牧交错带退化草原生态修复治理为重点布局，山西农业大学草业学院侯向阳教授团队探索创建退化草地提质增效修复的"补、激、促、调"框架模式。针对草地退化的不同阶段和程度，采取多维度分级分类的修复治理技术。对于严重退化草地，其土壤种子库匮乏，土壤养分供给受限，重点采取"补"的措施，主要补充草种及土壤肥力。补充草种是为了改善草地植物群落结构配置，恢复局部裸地和退化地，防止草地退化；补充土壤肥力是通过改善土壤的营养状况，促进种子萌发，增加地上产量。对于中度退化草地，如何激发土壤种子库的活力，提升草地植物更新能力是非常重要的措施。通过合理的激发措施，激发原生土壤中存活的种子，更好地缓冲地上植物群落对环境变化的响应，保持生态系统结构的稳定。对于中度恢复草地，重点是促进优势种的生长，优势种在群落中占有重要的地位，可以维持群落和功能结构，从而促进生态环境的演替。对于基本恢复草地，重点是整体协调生态系统的功能，综合考虑各种影响因素，采取综合性的保护和管理措施，以实现生物多样性的保护、生态功能的维持和生态系统的可持续发展。

五、草地退化与修复研究领域下一步发展重点

我国草地退化与修复研究领域的快速发展离不开国家的宏观政策性调控和管理措施。2000年以来，随着"京津风沙源治理""退牧还林还草""天然草原保护""草原生态保护补助奖励政策"等多项重大生态工程及政策的陆续实施，草原生态持续恶化的势头得到了初步遏制。但是，当前草原生态脆弱的形势依然严峻，我国草原"局部好转、整体恶化"的态势没有得到根本扭转，草原保护修复任务还十分艰巨。退化草地的生态恢复工作是一项系统性的复杂的长期工程，草地退化与修复研究领域未来应重视以下几个方面：①平衡好传统主题与前沿主题之间的关系，构建完善的现代化草牧业体系，从根本上解决草畜矛盾，协调好生产与生态保护的关系；②加强高新技术在草地退化与修复研究领域中的应用探索，充分利用遥感卫星等数据资源强化草地动态监测，建立健全草地监测与评价队伍、技术与标准体系，为草地修复与利用以及科学的生态修复提供理论依据；③充分考虑气候变化背景下草地退化与修复机制的复杂性，加强草地生态系统对气候变化的响应与适应机制研究，以提高草地生态系统应对气候变化和极端气候事件的韧性；④应推进优良乡土草种扩繁、组配及其补播技术的研发，并创新土壤养分及微生物调控技术；⑤重视草地生态系统生物多样性形成与保护机制研究，加强土地利用转变及气候变化对生物多样性的影响及调控机制的认识，实现草地生物多样性与生态系统功能的稳定维持与提升。

（任国华，山西农业大学草业学院/农业农村部饲草高效生产模式创新重点实验室）

林下草地畜牧业科技发展报告

林下经济是一种依托于林地资源和森林生态环境，以科学技术为支撑的经济活动。这种经济活动充分利用了林地资源和林荫空间，涵盖了种植、养殖、产品采集及其产品初加工，以及森林景观资源利用等多个方面。林下经济的发展对于缩短林业经济周期、增加林业附加值、促进林业可持续发展、开辟农民增收渠道等方面具有重要意义。

林下草地作为林草交错带，是林地、草地两个相邻生态系统的重要过渡带。在林下草地上生长着丰富的药用植物、饲用植物、经济作物等林下植物资源。它们在森林生态系统中扮演着重要角色，不仅可以提供经济收益，还有助于保护和恢复森林生态环境。林下草地畜牧业是指有效利用将林下各种饲用植物资源或在林下种植饲用植物，以满足畜牧业的需求，不仅可以为动物提供营养丰富的食物，还可以将养殖产生的粪便作为有机肥料还田，进一步促进了林、草、畜产品的产量和质量。饲料利用与林下养殖相结合，形成一种立体复合的生产经营模式，使农林牧各业实现资源共享、优势互补、循环相生、协调发展。

为了促进林下草地畜牧业科技创新，引导企业加强科技创新，推动产业升级和转型，本文在对该产业领域的科技发展情况进行深入调研和分析的基础上，结合政策法规、市场需求、技术创新等因素，对林下草地畜牧业科技的发展现状和未来趋势进行预测和展望，为政府部门、企业和研究机构提供产业科技发展的参考依据和决策支持。

一、国内外林下草地畜牧业发展概况

林下植物资源的开发与保护是一个重要的全球议题。开展林下饲用植物资源综合利用，有助于走出一条生产发展、生活富裕、生态良好的文明发展道路，推动绿色发展，实现人与自然和谐共生。然而，如果开发不当，可能会对林下植物资源造成破坏。因此，开发林下植物资源时应该坚持可持续发展的原则，采取科学的方法，既要充分利用这些资源带来的经济利益，也要注重保护森林生态环境。

林下畜禽养殖产业能够充分发挥丰富的林地资源潜力，形成可循环、可持续发展的现代复合生态养殖模式。我国林下畜禽养殖模式主要以林禽、林畜、林蜂为主，林禽模式主要种类有鸡、鸭、鹅等。林畜模式主要种类有猪、羊、牛等。其中，林下养鸡是目前规模最大的一种林下养殖方式，在北京、河北、广东、四川等地形成了众多较典型、成规模的"公司+基地+农户"的经营模式。另外，黑龙江伊春也利用小兴安岭丰富的森林资源进行湖羊、梅花鹿、西门塔尔牛、林蛙养殖，既能保护森林资源，又能提高畜牧业的生产效益。

利用林地空间进行牧草种植的方式，可以保护土壤和水资源，促进畜牧业的发展，提高林地的综合效益。目前，一些国家和地区已经开始推广林地种植牧草，以提供优质饲草来源，满足畜牧业的发展需求。林下种植的技术包括选择适合的牧草品种、科学施肥管理、合理利用等方面。林下种草能够不同程度地提高林间土壤含水量、降低土壤容重、改善土壤的物理性状、提高土壤的蓄水保墒能力。目前，国内林下种植以种植草药、地被植物为主，饲草植物以菊苣、苜蓿、鸭茅、白三叶、百合等少量耐阴、阔叶牧草资源饲料化利用为主。由于林下光照、温度、水分的局限性，林下人工饲草地生物量有限，以鸡的种养结合利用居多，鲜见牛、羊等大型草食家畜的养殖。林下种草养鸡耦合模式经济活力更强，环境负载更低，符合脆弱区林下经济发展趋势。

在气候变化和人类活动影响下，温带半干旱地区正普遍发生灌丛化现象。在干旱和半干旱地区，存在着以灌木和多年生草类为主的灌丛草地和以中生或旱中生多年生草本植物为主要建群种、散生灌木的灌丛。在干旱地区，灌丛的饲用价值十分重要。适口性较好的灌木能分担草本植物的采食压力。灌丛的利用，一方面能够缓解干旱半干旱地区"沃岛效应"，减少灌丛周围土壤水分和养分流失；另一方面，平茬加工灌木饲料有利于保持灌丛植被的生产力和饲用价值。尽管如此，在生态优先的背景下，灌丛草地饲用价值挖掘及饲料加工利用服务畜牧产业的格局尚未形成。

二、林下草地畜牧业发展问题和挑战

发展林下畜牧业对于家畜饲养、环境保护和森林资源的利用都有积极的作用，是一种可持续的畜牧业模式和林下经济发展模式，是林地经营管理和发展林下经济的必然趋势和必然需要。目前，尽管林下草地畜牧业在一些地区得到了广泛发展，林下草地畜牧业在科技发展方面仍存在一些问题和挑战。

（一）林下饲用植物资源底数不清

无论是林草部门还是农业部门，还没有建立林下饲用植物信息系统，没有掌握这些饲用植物的区系、营养特性和生长信息。

（二）林下饲用植物资源开发不足

目前林下畜牧业仍以方木利用为主，科技水平相对较低，缺乏先进的养殖技术和管理经验，导致养殖效益不高，林下饲用植物利用不足，存在生态风险。

（三）林下适生物种的筛选和评价滞后

林下环境具有遮阴、湿度较好的特点，因此适合种植一些喜阴、耐阴的植物。而目前饲用植物的选育多以喜光、中旱生植物为主，这限制了林下种草养畜的发展。

（四）林下草地畜牧业环保评估体系尚未建立

我国绝大多数林地资源属于生态林，应当优先考虑林下草地畜牧业对生态环境的影响。目前对于林下畜牧业可能引起的土壤、水体的评估标准尚未出台。

面对以上问题和挑战,林下草地畜牧业需要加强科技创新,提高养殖技术水平,加大资金投入,加强环境保护和市场开发工作,促进产业健康可持续发展。同时,政府部门和相关机构也应加大支持力度,制定相关政策和措施,为林下草地畜牧业的发展提供更好的环境和条件。

三、前沿技术发展趋势分析

科学利用林下植物资源、发展草地生态畜牧业是保障食物安全、构建多元化食物供给体系的关键突破口。

(一)林下放牧技术

林下放牧是在同一地块上有意将牲畜、饲草生产以及林地人为结合起来的农业实践。欧美发达国家把增加农场收入以及为牲畜遮阴作为建设林下牧场的主要考量。在美国,肉牛与速生林(松树)相结合的林下牧场是最为常见、研究最深入的模式。Garrett等提出,相比于中西部无管理的森林放牧相比,林下放牧可以改善水质和其他环境条件,同时保持或增加肉类及牛奶产量。林下牧场中草种的选择也是管理过程中的关键因素,其与载畜率直接相关。大多数美国牧场中选择种植冷季型和豆科饲草。98%的美国农民都采用轮牧或管理密集型放牧(management intensive grazing),同时96%的农民表示其会将林下牧草用于牧场轮牧系统的补充。哥伦比亚在2010年通过了"维护可持续性牛群放牧"项目,旨在推进当地经营者将原本单一牧场改造为森林牧场模式系统。在欧洲,林下牧场是分布最广泛的农林业利用方式,其面积约为1 778万公顷。

国内研发团队针对北京发展林下经济的迫切需求,开展了林下草地低密度生态放养北京油鸡技术,凝练并形成了节粮型环境友好型"林、草、禽"模式。也有实践表明利用林地树木和地形条件,在林地牧场中间建鸡舍,以中心点延伸等高线与其垂直线为界,在两条线上种植高大茂密的连生植物,形成草篱围栏,每个区顺序放牧10~15天进行划区轮牧。这些实践技术,有望推动产业链的延长,促进传统畜牧业向生态观光。

(二)林下牧草种植技术

开展林下优质草地高效建植,以林下牧草科学种植利用为突破口,形成复合生态种养模式。林下是一个阳光不足的地方,适宜林下种植的草种必须是具有一定耐阴特性的多年生植物,一年种植长期利用,而且要高产,并且植株不能高大,以免影响林木的生长。多种耐阴、植株不过于高大的草种都适合林下种植,比如:豆科的苜蓿、红三叶、白三叶等,禾本科的无芒雀麦、多年生黑麦草,以及莎草科的青绿苔草、披针叶苔草等。林下种草既能有效增加土壤储水量,又可以显著增加土壤含水量,且随着种草时间增长,土壤储水量增加。美国Forested森林生态农场形成了以树、灌木和地表植物 3 个层次为主的简单森林生态农业和以大型乔木层、小型乔木层、灌木层、攀援植物、草本植物层、地被层、根际植物构成的复杂森林生态农业，森林生态农业恢复了本地生态系统，并且生产出丰富的食物，探索一条与自然和谐共处的农业发展道路。国内有实践表明，在林地建植生产性能高、鸡适口性好的单播菊苣草地、单播红三叶草地、菊苣+多年生黑麦草+鸭茅混播草地等优质人工草地，并适量补饲精料，实施草地划区轮换低密度生态放养北京油鸡的养殖方式，辅以益生菌发酵床工艺消纳鸡粪，改善养殖环境，最终能够达到林—草—鸡生态种养结合的高质量发展。

（三）灌木饲料开发技术

作为防沙治沙的先锋植物，柠条、沙柳等灌木具有极强的分蘖性能，具有"平茬复壮"的生物习性，春季是其平茬的最佳时节。灌木林通过平茬，不但能增加经济收入，而且能延长利用年限。以内蒙古为例，全区每年造林面积 50%以上是灌木林，这些灌木大多处于自然生长状态，甚至出现了大面积老化退化、干枯死亡的现象，林地生态功能严重减弱，建设成果面临重大损失。适时平茬，可以促进大量新枝萌生，灌丛增大，恢复生长优势，延长灌木寿命，有效提高灌木林地的生产力和生态功能，提升灌木林经营管理水平，保护好、发展好、利用好灌木资源。

然而，灌木生长的地理条件差，难以运输，劳动强度大，生产效率低下，安全性能差，成本高。采用先进的现代精深加工技术和资源回收利用技术，在沙生灌木规模化种植的基础上，能够提升废弃物的综合回收利用水平。目前，灌木利用的科技攻关主要集中在灌木植物繁殖技术提升、收获设备的更新，以解决灌木繁殖率低、木质素高、收获难度大、机具落后等问题。如中国农业科学院草原研究所和中国农业机械化科学研究院呼和浩特分院采取"收割、粉碎、输送、收集"的联合收获方式对柠条灌木进行平茬收割，相关装备的设计和研制提高了柠条机械化收获的水平。因此，需要根据灌木的生物学特性、生态环境和生长状况，科学确定平茬类型、季节、间隔期、强度等各环节的技术、管理措施，总结系统完整、科学可行的灌木林平茬模式和管理办法，延长产业链，推进精、深加工，实现多次增值，提高市场竞争力。

（四）林下牧草加工储存技术

林下植物在有限的阳光下生长，植物叶片大、含水量高，牧草收获加工不及时易造成腐烂和营养流失。因此，因地制宜选择高水分青贮等合适的牧草加工技术是林下牧草加工储存的首选。

四、未来展望和建议

（一）厘清资源本底，测算开发潜力

收集林地、草地资源二类调查数据、年度更新矢量数据、遥感影像数据，并开展实

地数据采集分析，分类整理林下草地分布范围、面积、林下饲用植物的产量、营养情况等资源数据。同时，构建资源类型精细划分模型和方法，用优选模型和方法较精细划分林下草地类型和等级，制成林下饲草资源类型分布图。在此基础上，开展林下饲草资源开发潜力分析、开发效益及开发风险评估，为量身定制林下饲草资源项目开发方案奠定基础。

（二）优化加工技术，开展装备研发

开展林下饲用植物资源综合利用的典型路径和模式，加强团队共建、技术共研和成果共享，共同探索不同类型林地、立地条件下的林下饲用植物资源开发、设备升级改造和综合利用技术，为绿色发展提供科技支撑。

（三）加强良种培育，科学林下种草

以"优质丰产、提质增效"为目标，进行林下适生灌、草种质资源的调查、收集，选育推广高产、抗逆、稳定的林下适生草种和组合。开展科学种草，进行林区保护与稳产丰产协调发展的关键技术研发。

五、结论

发展生态畜牧业是一条符合林下生态保护、促进畜牧业持续稳定发展的道路。当前，国内外林下饲草的资源化利用水平偏低，需要加强科技支撑，利用好林下生态优势，以林下优质饲用植物资源开发为核心，围绕林下优质饲用植物的开发与综合利用关键技术需求，开展林下饲用植物资源的调查、研发加工调制技术和装备、选育良种探索优质丰产路径系列关键技术研发和技术成果产业转化工作，建立科学合理的资源综合利用体系，健全生态产品价值实现机制，将生态优势真正变成绿色发展优势。

（路文杰、侯向阳，山西农业大学草业学院/农业农村部饲草高效生产模式创新重点实验室）